KB261434

의외로
가벼운
철학

FRIEDHELM MOSER

KLEINE PHILOSOPHIE FÜR NICHTPHILOSOPHEN

Copyright © Verlag C.H. Beck oHG, München 2000
All rights reserved
Translated by DONGWHAN SHIN
Korean translation copyright © 2003 by Benedict Press
Waegwan, Korea

Published by arrangement with Verlag C.H. Beck oHG
through Shin & Chang Agency, Seoul

의외로 가벼운 철학
2003 초판
옮긴이 · 신동환 | 펴낸이 · 이형우
ⓒ 분도출판사
등록 · 1962년 5월 7일 라15호
718-806 경북 칠곡군 왜관읍 왜관리 134의 1
왜관 본사 · 전화 054-970-2400 · 팩스 054-971-0179
서울 지사 · 전화 02-2266-3605 · 팩스 02-2271-3605
www.bundobook.co.kr
ISBN 89-419-0309-2 03100
값 8,000원

이 책의 한국어판 저작권은 신&장 에이전시를 통한
Verlag C.H. Beck oHG와의 독점 계약으로 분도출판사가 소유합니다.
저작권법에 의해 한국 내에서 보호를 받는 저작물이므로
무단 전재와 무단 복제를 금합니다.

의외로 가벼운 철학

프리트헬름 모저 지음 | 신동환 옮김

분도출판사

머리말

열다섯 살 때 철학에 관심이 있어서 칼슈타트 백화점에서 값싼 『칸트 선집』을 구입할 때만 해도 나는 이 분야에 대해 좀 별난 생각을 가지고 있었다. 나는 철학이 혼란스런 세상의 문제를 명료하게 밝혀 주고, 인간에게 행복에 이르는 길을 제시해 주며, 궁극적인 문제에 대한 답을 준다고 믿었다.

세월이 흐르면서 철학에 대한 내 생각도 변했다. 진리를 추구하고 확인하는 일이 오늘날 철학에서 본질적으로 중요한 일이라고 더는 말할 수 없을 것 같다. 그러면 도대체 뭐가 중요하지?

시내에는 선거전이 한창이었다. 가로등 두 개 중 하나 꼴로 각 후보의 운동원들이 자리를 잡고 서서 웃음을 짓는다. "독일의 안정"이라는 구호도 있고, "우리는 모든 일을 다르게 하지는 않겠습니다. 그러나 많은 일을 더 잘 하겠습니다"라는 구호도 있다. 별로 참신하지는 않았다. 그래서 왜 그 똑똑하다는 정치가들과 창의적인 사고를 가진 선거 참모들이 기발한 구호 하나 생각해 내지 못할까 하는 의문이 생겼다. 그런데 가만 보니 기발한 구호가 자칫하면 도리어 역효과를 불러일으킬 수도 있겠구나 하는 생각이 들었다. 대부분의 유권자들은 — 결국 유권자들의 표가 중요할 테니까 — 신뢰감을 주면서도 단순한 구호를 좋아한다. 튀는 문구는 왠지 신뢰감이 없다. 그렇기 때문에 선거전에서 너무 똑똑한 모습을 연출하는 것은 스스로의 어리석음을 드러내는 것이다. 이런 작은 역설을 깨닫게 되어 흐뭇했다. 그래서 거리 모퉁이에 세워 놓은 대형 사진광고 모델처럼 실없이 히죽히죽 웃었다.

내가 왜 웃지? 보행자 전용 구역에서 고혹적인 흑인 여자가 환한 웃음을 지으며 나를 쳐다보고 있었기 때문일까? 그녀를 따라가고 싶은 유혹을 느낀 순간, 발길을 가로막는 한 가지 생각이 떠올랐다. 이건 정말 기가 막힌 생각이다. 진화를 연구하는 리차드 도킨스의 머리에서 나온 것이다. 그에 따르면, 모든 생물체는 — 인간도 마찬가지지만 — 유전자를 위한 "생존 기계"에 불과하다고 한다. 그리고 내가 검은 피부의 여성에게서 매력을 느끼는 이유는, 이국적인 염색체와 자기가 합병을 하게 되면 진화 주식의 주가가 급상승할 수 있다는 사실을 내 유전자가 잘 '알고 있기'

때문이다. 물론 도킨스의 말이다. 그래서 나는 내 유전자들에게 명령한다. "가만 좀 있어라, 이 잡것들아! 그래도 아직은 내가 이 집 주인이다." 어차피 그럴 시간도 없다. 친구들하고 밥 먹으러 가기로 했다.

이탈리아 음식점에서 만난 내 친구 부부는 몇 달 전에 집을 한 채 샀는데 수리하고 꾸미느라 정신이 없었다. 대화의 주제도 단연 집이었다. "너는 집 안 살 거냐?" 그가 물었다. "월세는 그냥 내다 버리는 돈이야." 무주택자의 장점이 머리에 떠올랐지만 디저트를 먹으면서 이런 원칙 문제로 말싸움하고 싶지는 않았다. 그래서 이렇게 말했다. "나도 집을 산 적이 있어. 아주 많이 샀었지. 옛날에 여동생하고 모노폴리 놀이할 때 …." 이 정도면 제법 웃기잖아! 한데, 이 생각이 그렇게 터무니없는 것만은 아니다. 놀이가 세상을 흉내 내는데 세상이라고 놀이를 흉내 내지 말란 법이 있나? 에스프레소를 한잔 마시고 대학 도서관에 가서 '놀이'에 대한 책들을 한번 찾아봐야겠다고 마음먹었다. '역설'이나 '진화'처럼 '놀이'도 내가 지금 구상하고 있는 ─ 그리고 지금 당신이 들고 있는 ─ 책에 어울리는 주제인 것 같다.

책에 쓰여진 이야기들을 통해 차차 알게 되겠지만 철학은 길손 같다. 철학자는 돌아 가는 길과 잘못 든 길을 좋아한다. 철학자는 산보를 하다가 자기가 어디로 가려고 했는지 곧잘 잊어버린다. 그는 낯선 도시를 천천히 산책하는 사람처럼 그렇게 삶을 산책한다. '여행 안내서'(철학책)를 들고 다니긴 하지만 그저 이따금씩 들여다볼 뿐이다. 관심이 유명 관광 코스에만 머물러 있지 않은 까닭이다. 세상의 모든 화랑을 다 합쳐도 집 뒷마당의 그림 같은 우물만큼 그의 마음을 사로잡지는 못할 것이다.

철학에는 재밌는 동네가 몇 있는데 같이 한번 안 가 볼래? ─ 이 책은 이렇게 당신을 꼬드길 것이다. 당신은 무언가 해 보고 싶다는 마음과 약간의 여유만 가지고 따라나서면 된다. 그리고 쇼펜하우어의 충고도 잊지 마시기를: "종이 위에 옮겨진 생각은 모래 위에 남겨진 발자국과 별다를 게 없다. 보이는 건 고작 누군가 걸어간 길, 가다가 뭘 봤는지 정말 알고 싶다면 제 눈으로 직접 봐야지."

1

자아

혹은

거 울 속 의 인 간

나는 마술의 원 안에서 빙빙 돌라는 판결을 받았다. 그래서 이 낡고 썩어 곰팡내 나는 먼지투성이 마술의 원에서 벗어나려고 안간힘을 썼다. 뭐든지 닥치는 대로 다해 봤다. 지극히 평범한 일을 하는 데도 어느새 모든 것에, 예외 없이 모든 것에 나만의 색깔과 내 방식과 내 냄새가 배어들었다. 나는 이렇게, 이것밖에 할 수 없었다. 늘 똑같은 일, 늘 똑같은 일 …. 내가 총으로 자살하거나 목을 매 자살한다 해도, ― 나는 종종 그런 문제를 시내에 나가야 할지 말아야 할지를 고민할 때만큼이나 심각하게 고민한다 ― 작년에 사섹에서 목 매 자살한 그 병사처럼은 하지 않을 것이다. 나 같으면 나만의 방식으로, 낡아빠지고 멍청하고 곰팡내 나고 슬픈, 그런 방식으로 할 것이다.

· 레오 톨스토이 『어느 남편의 수기』

모든 감정과 생각의 근원, '나'로 시작하자!

'나'로 시작한다고? 그래도 될까? 내 어린 시절, 철석같이 지켜야 할 규칙 중에 이런 것이 있었다. "편지를 쓰거나 학교에서 글짓기할 때 '나'로 시작하지 말라!" 이른바 그것은 교만한 인상을 주고, 교만은 곧 어리석음을 낳는다는 거였다. 그래도 우리 또래들은 꼭 이렇게 썼다. "**나는** 너희들이('너희들이'는 대문자로!) 잘 지내기를 바래." "**나는** 여름방학 때 루드비히 삼촌 댁에 있었어." 그렇다면 "국가가 짐이니라"("Der Staat bin ich.")라고 ("국가"를 문장 앞에 내세운) 루이 14세는 겸손의 화신이었나? 천만에, 그런 게 무슨 상관이람. '나'는 문장 머리에서 쫓겨나 낱말들이 바글바글 모여 있는 곳 아무 데나 그냥 빵 부스러기처럼 부스러졌다. 이름을 부를 때도 '나'는 으레 맨 뒷자리에 가서 서야만 했다. 이 계명을 어기는 사람은 미련한 당나귀로 통했다. "나 그리고 너, 방앗간 소, 방앗간 당나귀, 그게 바로 너." 놀이에서 술래를 정할 때 부르는 이 동요는 본디 이런 교훈을 제대로 배우지 못한 녀석들을 놀리는 말이었을 것이다.

'나'는 나병에 걸려 있었다. 그러나 벌거벗은 '나'보다 더 역겨운 '나'는 소망을 말하거나 (감히!) 요구를 하는 '나'다. 발트라우트 이모가 "누구 케이크 한 조각 더 먹을 사람?" 하고 물어보실 때 별생각 없이 "저요!"라고 말하면 그건 십중팔구 틀린 답이다. 발트라우트 이모가 커피를 마시면서 드시려고 차려 놓은 과자를 먹겠다고 나섰다가는 맨 꼴찌로 제일 조그만 과자밖에 받지 못했고, 그것도 모자라 꾸지람까지 들었다. "그렇게 **자기만 생각하면** 못 써요!" 그러면 사촌 여동생 가비는 고소하다는 듯 히죽히죽 웃었다.

아이구, 발트라우트 이모! 그때 내가 조금만 더 똑똑했더라면 이렇게 대답했을 텐데. "근데요, 저는 저만 생각해야 돼요. 커서 철학자가 되려고 하거든요. 철학자라는 직업은 주로 '나'를 연구하죠. 제가 저만 생각한다는 것은 커서 철학자가 될 거라는 확실한 조짐이에요. 근데 니체의 이름으로 말씀드리는 건데요, 케이크 한 조각 주세요, 그것도 제일 큰 놈으로요."

이렇게 기세등등하게 나갔어야 하는 건데, 그러기는커녕 오히려 얼굴이 빨개졌다. 내가 초자아(Über-Ich)에게 항복했다는 표시다. 나의 자아는 상당히 발육이 부진한 미완의 자아였으므로, 이제 막 세상에 내동댕이쳐져서 제대로 서지도 못하고 다리를 심하게 휘청거렸다.

⚜

사람들은 언제부터 자아를 가지는 걸까? 자신의 출생을 기억하는 사람이 있는가 하면, 전생에 자신이 알렉산더 대왕이거나 파라오의 딸이었을 거라고 주장하는 사람도 있다(졸병이나 뒷간을 치우던 노예는 절대로 환생하지 않는 모양이다). 천만에, 자아는 출생의 순간에 어디론가 사라져 버림으로써 오히려 빛나는 법이다. 태반에서 잘려 나온 탯줄이 자의식을 뜻하지는 않는다. 기저귀갈이 탁자나 아기 침대에서도 자아를 만나는 경우는 드물다.

고무젖꼭지 빨던 시절부터 초등학교 입학 선물 받을 무렵까지, 그 사이 어느 때쯤 해서 자아가 제 모습을 드러낸다. 내가 이 순간을 경험했었는지 잘 기억이 나지 않는다. 시인 철학자 장 폴의 말에 귀를 기울여 보자. "내 어린 날 어느 오전, 나는 대문 앞에 서서 왼편 닭장을 쳐다보고 있었다. 그때 갑자기 '나는 하나의 자아다' 라는 내면의 얼굴이 하늘에서 번개 치듯 내 앞으로 내려오더니 번쩍번쩍 빛을 내며 그 자리에 그대로 멈춰 섰다. 그때 내 자아는 처음으로 자신의 모습을 보았고 영원히 보고 있다."

"나는 하나의 자아다"라는 말에는 나름대로 특징이 있다. 철학적으로 보면 그렇다. 같은 말이 완전히 다르게 쓰였다. '내' ich가 곧 '자아' Ich는 아니다. 그러니 천상 앞 단락의 글 중 일부를 취소해야겠다. 대문 앞에 서서 그 순간 '번갯불'을 본 그 아이는 아마 '나'를 가지고 있었을 것이다. 하지만 그저 작은 '나'에 지나지 않았다. 이 '나'는 넋을 놓고 밖을 바라본다. 장작더미 쪽으로. 그것은 어린 소년이 세상을 들여다보는 작은 구멍이었다. 종합 청진기와 기타 별도의 기능이 내장되어 있는 이동식 엿보기 구멍이다. 출생과 더불어 열리고 죽음과 더불어 닫히는 그런 엿보기 구멍이다.

이 작은 '나'는 정말 능력이 대단하다. 마당에서 모이를 쪼는 닭 한 마리 한 마리가 바로 이런 엿보기 구멍이며, 장작더미 위를 기어오르는 개미조차도 판단력이 있고 향하는 목표가 있다.

큰 '자아', 즉 철학적 관심의 대상이 되는 '자아'는 '나'와 근본적으로 다르다. 이 '자아'는 일종의 핵분열에 의해 형성된다. 여파가 그만큼 파격적이다. 작은 '나'는 한순간에 가운데가 갈라져 양쪽이 서로 마주 본다. 문득 내면의 거울 앞에 서서, '나'는 자신과 무섭도록 닮은 모습을 보고 소스라치게 놀란다. 그 순간 엿보기 구멍이 엿보기 구멍 속으로 사라지고, 하나의 새로운 세계, 끝없는 거울방, 대자아의 우주가 출현한다.

소자아와 대자아 사이에 놓인 이 어처구니없는 심연이 바로 우리 삶의 근본 역설이다. 소자아는 시공 속에서 한낱 티끌 같은 것이고, 원자들이 은하 소용돌이 속에서 우연히 잠깐 뭉쳐진 것이며, 그늘에서 잠자다 꿈꾸면서 눈 한번 깜박인 것에 불과하다. 대자아는 무한보다 더 무한하다. 지구는 태양계의 한 부분이며, 태양은 은하계 수십억 별들 중의 하나일 뿐이다. 한 줌의 얼빠진 천문학자 말고 누가 은하의 숫자를 헤아릴까 …. 대자아는 이 무한한 세계를 전부 자기 안에 받아들이며 또 다른 자아들과 교류하면서 대안이 될 세계들을 새로 알게 된다. 결국 대자아는 원하는 만큼 많은 세계들을 상상할 능력을 갖추는 것이다.

대자아는 정말 **굉장히** 크다. 대자아를 지닌 사람은 누구나 자신이 전부이고 또 전부 이상의 존재라는 사실을 몸으로 느낀다. 그러나 이 때문에 긍지를 느끼기도 하지만 절망하기도 한다. 이 놀랄 만한 대자아를 잃는 것이야말로 끔찍스럽고 말도 못하게 안타까운 일이다. "회개하라! 종말이 다가왔다!"고 해마다 경고하는 사이비 교주들에게 우리는 그저 동정 섞인 웃음을 보낼 뿐이다. 하지만 종말은 현실이다. 세상 종말은 매 순간 지구 어디에선가 이루어지고 있다. 인간이 벽 쪽으로 돌아누우며 마지막 숨을 내쉬는 곳에서는 어김없이 또 한 세계가 무無 속으로 잠기고 무한성은 영구히 사라진다.

그래도 위안이 되는 것은 모든 태아 속에 새로운 우주가 싹트고 있다는 사실이다.

✢

우리가 내면의 거울을 처음으로 들여다볼 때, 그리고 내면의 거울이 처음으로 우리를 들여다볼 때 우리가 그토록 전율하는 이유는 저 무한성의 입김 때문일까?

거울은 섬뜩하다. 내가 아는 호러 픽션 중 가장 그럴듯한 것은 H. P. 러브크래프트의 『아웃사이더』이다. 줄거리는 이렇다. 무시무시한 외딴 성에 한 소년이 살고 있었다. 거목들의 무성한 잎새에 가려 성에는 전혀 햇볕이 들지 않았다. 깎아지른 탑 하나가 지붕처럼 덮고 있는 잎사귀를 뚫고 홀로 하늘로 치솟아 있었다. 그러던 어느 날 이 소년이

탑 위로 올라갔다. 얼마나 올라갔을까? 내려다보면 현기증이 날 정도로 높은 망루에 오른 소년은 그야말로 제정신이 아니었다. 겨우 땅에 내려와서야 정신이 들었다. 소년은 태어나서 처음으로 보름달을 보았다. 길을 잃고 이리저리 헤매다가 우연히 성으로 들어가게 되었는데 마침 잔치가 벌어지고 있었다. 그런데 소년이 무도회장에 들어서자 사람들이 소리를 지르며 사방으로 달아났다. 소년은 주위를 둘러보다가 공포의 원흉을, 그러니까 소름 끼치는 괴물을 직접 목격했다. 반쯤 정신을 잃고 비틀거리며 다가가 괴물을 막으려고 손을 내밀었는데 — 소년의 손에 만져진 것은 매끈하면서도 차가운 거울 표면이었다. 과연 거울은 무시무시하다.

그리고 거울은 악의가 있다. 미소년 나르시스는 샘물을 마시려고 몸을 숙이다 물 속에서 또 하나의 미소년을 보았다. 나르시스는 첫눈에 사랑에 빠졌다. 그런데 나르시스가 사랑하는 사람을 품에 안으려 할 때마다 번번이 그의 모습이 일그러졌다. 한참 지나서야 퍼뜩 깨달은 진실: "저 아이가 바로 나였구나 …. 그렇다면 나는 나 자신을 사랑한 거네!" 나르시스는 마음에 상처를 입고 그만 죽고 말았다. 그는 저승에서도 구원받지 못하여 영원히 삼도천三途川의 검은 거울만을 쳐다보고 있다.

"거울 너무 많이 보지 마, 그러면 네 얼굴이 멈춰 서 버린단다." 발트라우트 이모의 둘째 지혜다. 어렸을 때 나는 이 말이 미신이라고 생각했다. 그런데 지금 생각해 보면 나름대로 일리가 있는 것 같다. 자신의 눈을 오랫동안 바라보고 있으면 어쩐지 맥이 확 풀린다. 동공 한가운데 검은 부분이 무서울 정도로 세찬 흡입력을 발산한다. 눈길을 돌려 저 빨아들이는 힘으로부터 빠져 나와야지 그렇지 않으면 심연의 마력에 사로잡히고 만다. 말하자면 자기최면을 통해 강경증强硬症 상태에 빠질 수 있다는 말이다. 운이 좋으면 정신병원 신세라도 지겠지만. 해마다 수천 명의 사람들이 소리 소문 없이 이렇게 사라지는데 그 중에 얼마나 많은 사람들이 이상한 나라의 앨리스처럼 '거울 속으로' 들어갔을까? 거울은 불가사의하다.

그리고 거울은 체면을 깎는다. 너무 자주 거울을 보는 사람들은 좀 우스워 보인다. 시내 한복판에서 옷매무새를 가다듬느라 쇼윈도 앞을 기웃거리는 사람들을 어떻게 생각하시는지? 어? 당신도 그러신다고? 고백건대 사실 나도 가끔은 … 이발하고 나올 때라든가 …. 하지만 자칫 내가 우스워 보일 거라는 걸 알기에 은근슬쩍 잽싸게 해치워 버린다. 아마 그 꼴이 더 우스워 보일지도 모르겠지만.

❧

스스로 자기의 심리를 탐구하는 경우도 이와 비슷하다. 자신이 **본래** 누구인지 끊임없이 골머리를 앓아 봐야 아무 소득이 없다. 자기 모습을 거울에 비춰 보는 사람이 그 결과에 대한 우려 때문에 오히려 별 효과를 보지 못하듯, 자아

탐구를 하는 사람의 경우도 자아탐구의 욕구가 무성할수록 자아는 위축된다. 지나친 정신분석은 오히려 정신을 파괴한다. 내면의 삶을 샅샅이 뒤진다고 자아가 발견되는 것은 아니다. 자아는 오히려 세상에서 뭔가를 성취할 때 찾아지는 것이다. 그저 자신만 쳐다보는 자아는 결국 자신을 파괴할 따름이다.

주의하지 않으면 철학자도 이런 악순환에 빠져들 수 있다. 철학자의 주된 관심 — 다른 모든 연구의 토대가 될 만한 — 은 지각과 사유의 조건 및 한계다. 하지만 지각과 사유란 게 어디 진공 속을 떠다니는 것이던가. 그것은 인간 지성의 기능이다. 철학자는 지각과 사유라는 틀 속에서 인간을 관찰한다. 그리고 "뇌의 뒷무대"를 넘겨다보는 것은 오로지 개개의 인간에게서만 가능하다고 믿기 때문에 한 인간만을 즐겨 연구 대상으로 삼는다. "너 자신에 주의를 기울여라", "네 주위에 있는 모든 것으로부터 눈을 돌려라. 그리고 너의 내면을 보아라. 이것이 초심자에게 제기하는 철학의 첫째 요구 사항이다." 피히테는 이렇게 충고했다. 그리고 프리드리히 슐레겔도 비슷한 말을 했다. "철학의 모든 근원에 대한 연구는 우리를 철학의 가장 안전한 출발점인 자아관조로 안내한다."

거울에 비친 자신의 모습을 그리는 초상화가는 그림을 그리는 순간에만 명료하고 세심한 눈길로 자신을 묘사할 수 있을 뿐이다. 관념론자가 자기 자신을 탐구한다지만 그렇게 하는 것은 — 언제나 그런 연구를 할 때뿐이다. 자성自省은 자성을 검열한다. 말하자면 이 방법은 개가 제 꼬리를 잡으려고 뱅뱅 도는 것과 같다. 대단히 철학적으로 보이기는 하겠지만.

⚜

자신에 대해 깊이 숙고하는 사람은 파란만장한 삶을 언젠가 글로 남겨야겠다는 생각을 한다. 그래서 수많은 철학자들이 자서전을 썼다. 아우구스티누스, 루소, 밀, 러셀, 파이어아벤트 등등. 내가 이런 책들을 좋아하는 이유는, 철학이 머리는 구름 저 높은 곳에 두더라도 발은 언제나 땅을 딛고 서 있다는 사실을 가르쳐 주기 때문이다. 자서전은 자아가 자족·자제할 거라는 망상을 깨뜨려 버린다. 우리는 이제까지 만들어 온 자신의 모습을 뛰어넘기도 하지만 그렇다고 항상 그런 건 아니다. 우리가 무엇이 되느냐 하는 것은 우리가 어떤 사람들을 만나고, 그 사람들과 어떤 경험을 하고, 또 이 경험을 우리가 어떻게 평가하느냐에 달려 있다.

자신의 역사를 아는 사람이라야 자신이 누구인지를 파악할 수 있다. '코르사코프 증후군' 환자들은 단기 기억력을 잃어버려 매 순간마다 새로운 삶의 스토리를 구성하고 새로운 자아를 고안해 내야 한다. 그들의 환상적인 구성 능력은 아무 내적 연관성을 가지지 않으며 외부로부터 주어지는 인상에 반응할 따름이다. 나이에 대한 감각도 없고 자신이 지금 어디에 있는지도 모른다. 시간과 공간 속에서 길 잃고 헤매는 미아다. 코르사코프 증후군 환자는 자아가 없는 개체다.

⚜

자아의 소멸이 언제나 실존적 재앙은 아니다. 자아의 소멸도 인간 존재의 최고 단계로 이어질 수 있다. 이 점에서 동양 철학과 서양 신비주의는 서로 통한다. 왜냐하면 자아가 아무리 위대할지라도 자아는 자신과 경계를 이루는 비자아를 늘 전제로 하기 때문이다. 자아가 아무리 의기양양하고 자신만만해도 삶에 매달려 있으며, 결국 죽음 앞에서는 자아의 온갖 화려함도 사라지고 만다.

　자아는 365개의 화려한 홀이 있는 성이다. 하지만 이 성을 **소유하는** 사람은 너무 쉽게 이 성에 **홀려 버린다.** 그는 생로병사로부터 벗어났다는 환상 속에 자신을 가둔다. 현자賢者는 언젠가 떠날 줄을 미리 아는 손님의 모습으로 이 성에 산다. 혹은, 거지옷을 입고 부처가 된 저 인도의 왕자처럼 자신으로부터 뛰쳐나와 '방랑'에 든다. 성을 소유한 사람은 부유하다. 그러나 스스로 이 성을 떠나는 사람은 더욱 부유하다. 온 세상이 그이 앞에 열려 더 잃을 것이 없기 때문이다. 자아 상실(죽음)을 두려워하지 않는 사람은 두려워할 것도, 두려워할 사람도 없다. 자아의 궁극적 승리는 자기 자신에 대한 승리임을 이런 선시禪詩가 말해 준다.

승리는 오로지 한 사람의 차지이니,

싸움이 시작되기도 전에 이미,

자아를 생각하지 않고,

근원 속에,

비자아 속에 사는 이의 차지로다.

최근에 나는 또다시 발트라우트 이모를 찾아뵈었다. 얼마 전부터 포스트모더니즘 철학에 대한 관심을 갖기 시작한 사촌 여동생 가비도 와 있었다. "케이클 좀 가져왔어요." 내가 마음을 가라앉히고 말했다. 가비가 상큼하게 눈을 흘겼다. "'나'라는 말을 그렇게 함부로 사용하지 마. '자율적 주체는 죽었다'고 푸코가 그랬단 말야. '자아는 폭발해 버렸어'."

순간 얼굴이 후끈 달아올랐다.

더 알고 싶은 분들께는 더글러스 호프스태터와 다니엘 데닛의 『이런, 이게 바로 나야!』(사이언스북스 2001)를 권한다.

2

역 설

혹은

공 중 누 각 에 사 람 이 살 수 있 을 까

있을 법하지 않은 일이 일어나는 것은 있을 법한 일이다.

· 아리스토텔레스

역설이 뭐냐고? 시원한 찌개 국물이고, 그림자 넘기이며, 늪에 빠졌을 때 잡아당길 댕기꼬리이고, 앞뒤가 맞지 않는 동요다.

> 사방 어두운데 달은 훤히 비추고,
> 눈 쌓인 푸른 들판에
> 번개처럼 서서히
> 마차는 모퉁이를 돌아.

역설 — 그것은 또한 드렉만Dreckmann이라는 이름을 가진 청소부Putzfrau이며(독일 성씨 Dreckmann은 "오물, 쓰레기" 등을 뜻하는 Dreck과 "남자"를 뜻하는 Mann의 합성어다. 이 대목은, 하필 청소 아줌마의 이름이 Dreckmann[말 그대로라면 "더러운 남자/놈"]인 것도 하나의 역설임을 표현하려는 일종의 독일어 말장난이다 — 역자 주), "뻐꾹" 하고 우는 앵무새이고 양의 탈을 쓴 늑대이기도 하다. 자신은 절대로 무슨 클럽에 가입할 것 같지 않으면서도 남들은 굳이 클럽에 가입시키려 드는 사람이고, 무언가 불평거리가 있어야만 행복해지는 사람이며 누군가를 사랑하면서도 미워하는 그런 사람이다. 역설은 공공연한 비밀이며, 웅변적인 침묵이다. 그렇다면 자신을 때려 달라고 애원하는 마조히스트의 부탁을 웃으면서 **딱 잘라 거절하는** 사디스트는 또 무엇인가? … 맞다. 바로 그게 바로 역설이다.

사디스트란 말을 하고 보니 역설적인 이야기 하나가 생각난다. 에드가 푹스라는 내 학교 친구 이야기다. 에드가는 좀 막힌 데가 있어서 누군가가 자신을 정말 사랑한다는 사실을 믿지 않았다. 그런데 운이 좋았던지 정말 어떤 여자 아이가 그를 사랑하게 되었다. 그 여자 아이의 이름은 테오도라였다. 테오도라는 에드가를 신처럼 떠받들었다. 그런데도 에드가는 믿으려 하지 않았다. 그는 테오도라의 마음을 시험해 보려고 그야말로 그녀를 헌신짝처럼 대했다. 그러고는, "날 정말 사랑한다면 참을 수 있겠지" 하는 것이었다. 테오도라는 정말 모든 것을 참아 냈다. 에드가는 테오도라를 때리기 시작했다. 테오도라는 그것도 참아 냈다. 그래도 에드가는 테오도라가 **어떠한 일이 있어도** 자신을 사랑한다는 걸 확신할 수 없었다. 언젠가 그녀의 사랑이 식어 버릴 것만 같았다. 그러던 어느 날 에드가는 테오도라를 전망대 꼭대기에 데리고 가서 이렇게 말했다. "**정말** 나를 사랑한다면 뛰어내려 봐." 그러자 테오도라는 뛰어내려 죽었고, 에드가는 착잡한 심정으로 천천히 엘리베이터로 발걸음을 옮겼다.

⚜

'역설'은 내가 가장 좋아하는 말 중 하나다. 나는 우선, 이 말의 어원에 대한 지식을 한껏 뽐낼 수 있다. 그러니까 옛 그리스어로 독사dóxa는 도그마dógma와 같은 뿌리에서 나온 말로 "의견, 선입견, 믿음" 등을 뜻한다. 파라pára의 뜻은 "반대하는"이다. 따라서 둘을 합치면 "선입견에 반대하는, 믿지 못하는"이라는 뜻이 된다. 한편, 내겐 유별나고 섬뜩한 것, 기괴하고 신비로운 것을 무서워하는 약점이 있다. 섬뜩하고 모호한 말 중에서 '파라'로 시작하는 말이 많다. 파라독스 말고도, 편집증(Paranoia), 마비(Paralyse), 기생충(Parasit), 심령과학(Parapsychologie), 범례(Paradigma), 시차視差 기록(Parallaxpanoramagramm) 등등. 우산(Parapluie)이 전혀 위험하지 않다고 생각하는 사람은 빌헬름 부쉬의 『두 명의 도둑』을 보라. 우산이 얼마나 무서운 것인지 알게 될 것이다. 파라다이스조차도 나름대로 골치 아프다. 낙원 한가운데 경고 시스템이 장착된 금단의 열매가 있었다. "따먹지도 건드리지도 말라, 어기는 사람은 죽는다."

이 에덴 동산의 스타는 통상 "인식의 나무"로 불리지만, 어쩌면 "역설의 나무"라는 이름이 더 어울릴지도 모르겠다. 낙원 한복판에 먹으면 죽는 열매가 있다는 게 도대체 말이 되나? 아이 방에 자동 발사 장치가 어울리지 않듯, 이 나무도 여기에 어울리지 않는다. 아니면 이 나무에 더 심오한 뜻이 담겨 있는 걸까? 그렇겠지. 흔히들 "낙원"이라 부르는 이곳은 사실 함정이다. **죄의 함정**이다. 야훼께서는 아담과 하와를 짓궂게 놀린 것이다. 오이디푸스도 신탁에 의해 비슷한 놀림을 당한 적이 있다. 경고는 불운을 부른다. 무엇이든 금지하면 어떻게 해서든 깨보고 싶은 충동이 일게 마련. "푸른 수염"의 일곱째 부인은 결국 방문을 열고 말았다(19세기 프란츠 그라프 포치의 작품. 중세 프랑스의 성주인 "푸른 수염"이 그의 여섯 부인을 죽여 벽에 걸어 놓았다는 소문이 있었는데, 호기심을 이기지 못한 일곱째 부인이 그 소문을 자기 눈으로 확인하게 된다. 그 순간 "푸른 수염"이 돌아온다 ― 역자 주). 그리스 신화에서 테베의 왕 카드모스의 딸이자 디오니소스의 어머니인 세멜레는 제우스의 본모습을 보겠다고 고집을 부리다 그가 천둥과 번개를 두르고 나타나자 그 자리에서 타 죽고 말았다. 그런가 하면 허락받은 일, 분명한 사실, 너무 많아서 넘치는 것, 이런 것들보다 더 시시한 것은 없다. 김 빠지기로 치면 역시 나체 해수욕장의 관음증 환자가 아니겠는가.

사람들은 일단 역설적으로 반응하게 마련이다. 따라서 사람의 마음을 조종하려 할 때 역설적 전략을 쓰면 거의 성공한다. 마크 트웨인의 소설이 바로 이런 경우다.

톰은 울타리에 페인트칠을 해야 한다. 벌로 하는 일이니 따분할 수밖에 없다. 더구나 다른 아이들은 놀고 있는데 혼자서만 일을 해야 한다는 생각을 하니 속도 상한다. 또 조금 있으면 아이들이 울타리 앞을 지나가면서 톰을 놀릴 것이다. 막막한 상황이다. 그때 벤 로저스라는 아이가 나타나 이죽거린다. "너 장난치다 들켰지, 그치?" 톰은 못 들은 척 페인트칠을 계속한다. 예술 작품을 만드는 열정으로. "난 수영하러 간다." 벤이 말했다. "안됐다. 일이 많은가 보네?" 그러자 톰은 벤이 옆에 있는 걸 몰랐다는 듯

천연덕스럽게 응수한다. "어? 벤, 너구나, 일이라니? 뭐가 '일'인데?"

톰은 페인트칠이 고도의 예술 행위라고 떠벌린다. 그러자 벤이 조심스레 묻는다. "나도 좀 해 봐도 되냐?"

톰은 사과 하나를 주겠다는 벤의 제안을 "마지못해" 받아들인다. 하나둘 아이들이 모여들었다. 페인트칠이 재미있어 보였는지 저마다 한번 칠해 보겠다고 난리다. 수요 공급의 원리. 오후가 되자 울타리는 휘황찬란하게 빛난다. 톰은 붓을 빌려 주는 대가로 구슬, 꽃불, 죽은 들쥐 등등 어마어마한 재산을 모은다. 그리고 인생을 배운다. 시켜서 하는 일은 고생이지만 스스로 원해서 하는 일은 즐거움이 되는 법. 어렵게 얻는 것이라야 갖고 싶어 안달하지. 감자가 상황버섯만큼 귀하다면 값도 그만큼 비쌀 텐데.

아프면 치료비도 만만찮다. 하지만 병이 그저 억압에서 비롯된 것이라면 돈을 아낄 방도가 있다. "역설적 의도"라는 이 단순한 치료법은 다음과 같다. 불면증에 시달린다고 치자. 하루 종일 피곤하고 나른하다. 잠을 청하고 싶은데 저녁만 되면 잠자리에 대한 두려움, 불면에 대한 두려움에 사로잡힌다. 어찌나 불안한지 침대에 누워 눈을 감지도 못한다. 잠을 몹시 의식하면서 능동적으로 잠을 청하려 한다. 하지만 잠든다는 것은 무의식적이고 수동적인 행위다. 지나친 흥분 상태에서 잠을 청하기 때문에 도리어 잠을 이룰 수 없는 것이다.

어떻게 해야 할까? 잠의 요정(밤에 아이들 눈에 모래를 뿌려 잠들게 한다는 작은 모래사람 — 역자 주)을 벤 로저스라는 아이대하듯 해 보라! 모르페우스(그리스 신화에 나오는 잠의 신 — 역자 주)를 푸대접해 버려라. 그리고 밤새도록 신과 세계에 대해 생각하라. 그게 힘들면 지난 여름휴가를 떠올려 보라. 아니면 다음 휴가 계획을 짜 보든지. 아마 공항에 도착하기도 전에 잠이 당신을 마중 나와 모셔갈 것이다.

또 다른 종류의 '침실 문제'에도 "역설적인 의도"는 확실히 효과가 있다. 얼굴이 후끈후끈 달아오르고 식은땀을 흘리는 경우도 마찬가지다. 잃어버릴지 모른다는 두려움에 맞서 싸우는 방법은 깍지를 끼고 움켜잡는 것이 아니라 손에서 놓아 버리는 것이다. 누구나 수영을 한다. 그런데 물에 빠져 목숨을 잃는 것은 익사에 대한 두려움 때문이다. 몸의 긴장을 풀고 물 위에 가만히 떠 있지 못하고 안간힘을 다해 발버둥치기 때문이다. "죽은 사람"은 가라앉지 않는다. 베드로는 겐네사렛 호수 위를 멀쩡하게 걷다가 의심을 한 순간 바로 물에 빠졌다. 베드로의 스승은 이런 "역설적 의도"의 대가였다. "원수를 사랑하십시오! 여러분을 미워하는 사람들을 사랑하십시오!"

⚜

신약성서와 신학은 놀랄 만한 역설이 가득한 보고寶庫이다. 모든 것을 다 아시고 모든 일을 다 하실 수 있으며 늘 착하신 창조주께서 그 책임을 몸소 지고 계시다. "하느님이

들어 올릴 수 없을 정도로 무거운 돌을 하느님이 창조할 수 있을까?" 교부들은 이런 화두 앞에서 한숨을 길게 내쉬며 손을 들고 말았다. "불합리하기 **때문에** 믿는다." 유한한 보통 사람들이 신의 본질을 깨닫기란 불가능하다. 그래서 신학자들은 속임수를 써서 적당히 문제를 해결하려 한다. "우리는 절대적으로 위대한 존재를 **이해할 수 없는 것으로**밖에는 파악할 수가 없다. 우리가 이해하기에는 이 위대한 존재가 너무나 위대하기 때문이다." 니콜라우스 쿠자누스의 말이다. 신에 대하여 우리가 알고 있는 것은 그저 신에 대해 아무것도 모른다는 사실뿐이다. 신이 정말로 수염 허연 할아버지라면 우습지 않겠는가?

버트란트 러셀의 말처럼 신은 저 전설적인 이발사와 닮았을 수도 있다. "이발사는 제 수염 제가 깎지 못하는 모든 동네 남자들의 면도를 해 주었다." 앞뒤가 맞아 보인다. "그럼 그 이발사 자신은? 이발사는 제 수염 제가 깎나, 못 깎나?" 이렇게 물으면 이 문장의 난점이 바로 드러난다. 이발사가 혼자 면도를 못하는 남자라면 자기 수염을 스스로 깎아 줘야 한다(이발사니까). 혼자 면도를 할 수 있는 남자라면 자기 수염을 깎는 것 자체가 허용되지 않는다(이발사는 혼자 면도를 못하는 남자들의 수염만 깎아 줘야 하니까). 이런, 진퇴양난이다. 결국 러셀이 그 동네를 찾아가 위의 면도 규정이 이발사에게만은 적용되지 않는다는 사실을 확정지어 주고서야 문제가 풀린다. "한 집합이 자기 집합의 원소가 되지는 못한다"는 규칙은 교황에게도 적용된다. 말하자면 교황 무류성에 대한 교의는 **논리적으로** 교황 자신에게는 해당되지 않는다. 혹시 기적이 일어난다면 모를까.

⚜

일상어에서도 어떤 명제가 상식에 어긋나면 역설이다. 논리학적으로나 수학적으로 옳은 주장이라 해도 많은 경우 터무니없어 보인다. 예를 들면: 자연수 집합(1, 2, 3, 4, 5 …)을 지퍼처럼 짝수 집합(2, 4, 6 …)과 홀수 집합(1, 3, 5 …)으로 나눌 수 있다는 사실은 자명하다. 짝수 집합과 홀수 집합의 크기는 똑같다. 그리고 둘 중 어느 것이나 자연수 집합의 절반이다. 그렇게 생각한다면 말이다. 그러나 수학이 요술방망이를 흔들면서 "수리수리 마수리"를 외치면 모든 것이 달라진다. 즉, 모든 자연수는 짝수와 연결될 수 있다.

> 1은 2에 대응하고,
> 2는 4에 대응하고,
> 3은 6에 대응하고,
> 4는 8에 대응하고,
> 이런 식으로 무한히.

자연수치고 배수를 만들 수 없는 수는 없다. 달리 말하면, 자연수 집합은 짝수 집합보다 **눈꼽만큼도 더 크지 않다.**

홀수의 경우도 마찬가지다. 무한한 것은 무한한 것이다. 더 큰 것은 없다.

⚜

역설은 자명한 일상에 대한 우리의 신뢰를 뒤흔들어 놓는다. 예부터 철학이 역설을 즐겨 도구로 사용한 이유가 바로 여기에 있다. 일찍이 엘레아의 제논도 활을 떠난 화살은 움직이는 지점마다 정지해 있으며 그 지점에서 눈꼽만큼도 앞으로 나아가지 못한다고 주장한 바 있다. 웃기는 소리지만 논리적으로 반박하기는 어렵다. 현대의 가장 기막힌 역설은 이론물리학에 있다. 광속에 근접하는 속도로 우주 공간을 한달음에 여행한 우주비행사가 지구로 돌아올 때는 집에 있던 쌍둥이 동생보다 젊어져 있다는 주장이다. 믿기 어렵겠지만 아인슈타인이 한 말이다.

역설은 현실과 상상의 이음매에서 생긴다. 자연 자체에는 역설이 없다. 하여튼 그렇기를 바란다. 어떤 실험에서는 빛이 입자의 특성을 띠고, 또 어떤 실험에서는 파동의 형태를 보일 경우, 우리는 이런 모순을 빛이 변덕스럽기 때문이 아니라 우리의 이론이 모자란 때문이라 여긴다. 왜 우주에 모순이 없어야 하고 무질서한 요소들을 내포하면 안 되는지, 이 문제에 대한 논리적 근거도 없다. 우리가 우주의 얼개나 소립자 차원에서의 사건 등과 같은 문제들을 풀어 줄 궁극적 보편 공식을 찾는 데는 아마 어떤 종교적인 동기가 있는 것 같다. 과학자들이 꿈꾸는 "대통일 이론”은 전능한 창조주의 현대판 아니겠는가.

⚜

모르긴 해도 인간을 창조할 때 악마가 “늘 부정만 하는 영”으로 은밀히 관여한 것 같다. 우리는 너무도 역설적인 존재다. 육체와 정신. 질서와 혼돈. 뇌간腦幹과 대뇌. 천당과 지옥. 사랑의 충동과 죽음의 충동. 우리는 평생 행복을 좇는데, 행복은 뒤처져 따라온다. 그럼에도 불구하고 어쩌다 행복을 붙잡으면 그 행복을 어떻게든 극적으로 허물어버리려 별짓을 다 한다. 카드로 집짓기놀이를 하는 데는 이중적인 의미가 있다. 지을 때는 고도의 집중력이 요구되고, 허물어뜨릴 때는 변태적인 만족을 느낀다. 다 맞춰 놓은 퍼즐은 그저 따분할 따름이다. 평생 한결같은 평화, 일관된 기쁨, 똑같은 달걀 케이크? 그건 매일 상에 오르는 샴페인과 철갑상어알처럼 견디기 힘들다. 완벽한 조화를 이루는 아름답고 새로운 세계? 끔찍한 상상이다!

아! 말레네, 다시 한 번 그 노래를 불러 다오.

> 내게 소원을 말하라면
> 차라리 곤혹스러울 거야.
> 내가 품을 소원은
> 어려운 시절이거나 좋은 시절.
> 내가 소원을 품어도 된다면
> 그저 **조금만** 행복해지고 싶어.

너무 행복해져 버리면

슬픈 날들이 그리워질 테니까.

우리는 모순을 몽땅 없애 버리고 싶어 하면서도 용케 모순을 잘 견디어 낸다. 이것이 다시금 모순일지 모른다.

엽기의 대가 에드가 앨런 포우는 인간의 분열성과 자기 파괴 성향을 절감했다. 『변태의 정령』에 이런 구절이 있다. "몸을 부르르 떨며 벼랑에서 뛰어내리려는 사람이 느끼는 악마적 힘의 열정은 자연 어디에도 없다. 한순간 그런 **생각**의 유혹에 빠졌다는 것은 구제 불능의 절망에 처했다는 뜻이다. 차분히 생각하면 외면하고픈 마음만 간절해지기 때문이다. **바로 그래서 그럴 수가 없다.** 붙드는 친구의 손길이 없거나 정말 젖 먹던 힘까지 다 냈는데도 벼랑 끝에서 물러설 수 없을 때, 결국 우리는 끝없이 깊은 비운의 나락 속으로 뛰어내리고 만다."

⚜

비운이란 말이 났으니 말인데! 내 친구 에드가 푹스가 어떻게 되었는지 궁금하지 않으신가? 궁금하다고? 좋아. 뭐, 궁금하지 않다고? 괜찮아, 그래도 이야기해 드리지. 테오도라하고 그 불행한 일을 겪고 난 후 에드가는 정신과 치료를 받았다. 그래서 전극을 바꾸어 끼듯 완전히 딴사람이 되었다. 그리고 나름대로 매력이 있었는지 금방 새 애인도 생겼다. 그녀의 이름은 도로테아였다. 도로테아는 에드가를 신처럼 떠받들었다. 그런데 또 새로운 의심이 에드가를 괴롭히는 것이었다. 도로테아가 그를 사랑한다는 건 다 아는 일이지만 그녀가 정말 그를 위해서 그를 사랑하는 걸까? 어쩌면 돈을 좇아다니는 것일지도 모른다. 그래서 그는 자기 전 재산을 가난한 사람에게 나누어 줘 버렸다. 도로테아는 그런 그의 모습을 더욱 사랑하게 되었다. 그렇다면 그녀는 그의 외모를 사랑하는 걸까? 그는 이제 목욕도 안 하고 얼굴에는 커다란 거미 문신을 새겼으며 거세까지 해 버렸다. 그래도 그녀는 그를 사랑했다. 에드가는 골똘히 생각했다. 그렇다면 내 뛰어난 머리 때문에 날 사랑하는 걸까? 그는 머리에 총알 한 방을 쏘아 그 잘난 뇌 기능을 마비시켰다. 그리고 식물인간이 되었다. 도로테아는 그런 그를 헌신적으로 보살폈다.

그녀는 정말로 **에드가만을 위해** 에드가를 사랑한 걸까? 에드가야말로 자신을 막장까지 몰고 가지 않았던가? 그녀는 조금도 그를 사랑하지 않았을 것이다. 그녀가 사랑했던 것은 **고결한 사랑에 대한 자신의 꿈**이었다. 말하자면 그녀는 결국 **자기 자신**을 사랑한 것이다! 사랑(과 철학)에서 믿을 것은 하나밖에 없다. 그것은 의심이다.

더 알고 싶은 분들께는 William Poundstone의 *Labyrinths of Reason: Paradox, Puzzles, and the Frailty of Knowledge* (Doubleday 1988)를 권한다.

3

진 리

혹은

스 키 너 상 자 속 의 삶

포도주는 강하다.
왕은 포도주보다 더 강하다.
여자들은 왕보다 더 강하다.
하지만 가장 강한 것은 진리다.

· 마르틴 루터

옛날에는 모든 문제가 굉장히 간단했다. 그때는 성서가 있었고, 성서는 하느님의 말씀이었으며, 하느님은 모든 것을 다 아시고 또 선하셔서 사람들을 속이지 않았다. 그래서 성서 구절마다 진리의 정수가 담겨 있었다. 이 진리는 그리스도인이 아닌 사람도 인정할 수 있었다. 그런데 쿠란에 이런 글이 있다. "그분(알라)께서 너희에게 진리가 담긴 책을 내리셨으니 이는 이 책이 있기 전에 있었던 일을 완성시키는 책이니라. 그분께서는 그전에 이미 사람들을 위한 규범으로 토라와 복음을 내려 주셨느니라."

하느님의 말씀은 늘 올바로 번역되고 해석되어야만 했다. 메투살렘이 정말 969세가 되었을까, 성서의 위대한 진리는 의문의 여지가 없을까라고 의심을 하고 싶어도 이런 진리를 매일 새롭게 몸으로 경험하니 절로 입증되는 셈이었다. 즉, 지구는 평면이고, 여자는 남자에게 종속되어 있고, 하느님의 뜻은 탐구할 수 없는 것이었다.

하느님이 얼마나 엉뚱하고 종잡을 수 없는 분인지 잘 보여 주는 한 예가 바로 성서이다. 세계 인구의 99%가 문맹이었을 때 그분은 어쩌자고 **글**로 진리를 선포하셨을까? 십계명을 당신 손가락으로 손수 쓰신 다음부터 책이라는 매체만 편애하시는 걸까? 아니면 그분도 자식들을 낙원에서 내쫓아 학교에 보내시려고 했나? 그래서 그 자식들이 정서법(*Orthographie*)을 익혀 이 정서법으로 정교(*Ortho*-doxie)를 배우도록 하실 셈이었나?

"정교"라는 말을 하니 레바인 선생님이 생각난다. 레바인 선생님은 우리 학교 종교 선생님이셨다. 어느 날 선생님이 신약성서 한 대목을 읽어 주셨다. 빌라도 앞에 선 예수 이야기였다. 예수께서 말씀하셨다. "나는 진리를 증언하러 세상에 왔다. 누구든지 진리로부터 난 이는 나의 말을 들을 것이다." 그러자 매우 의심이 많은 로마 사람 빌라도가 말을 받았다. "무엇이 진리인가?"

"진실로" ― 레바인 선생님은 점잔을 빼며 말씀하셨다. "진실로 위대한 질문이다. 무엇이 진리인가?" 선생님은 성서를 덮고 칠판을 보셨다. 칠판에 진리가 씌어 있었다:

레바인은 바리사이다. (후편 계속)

✤

무엇이 진리인가?

누구나 한 번쯤은 받아봄 직한 질문이다. 통상, 건전한 상식을 가진 사람은 이렇게 대답할 것이다. "어떤 상상이나 진술이 현실과 일치하는 것." 친구와 산보를 하다가 친구가 말을 막으며 "어, 빗방울이 떨어지네?"라고 하면 나는 손을 내밀고 고개를 들어 하늘을 본다. 하늘에 비구름이 드리우고 손바닥에 떨어지는 빗방울을 느끼면 나는 "맞아. **정말** 비가 오네"라고 한다.

이 평범한 이치를 철학자들은 "모사설"模寫說이라 부른다. 루드비히 비트겐슈타인같이 노련한 철학자의 글에서도 이 평범한 이치는 쉽사리 발견된다. "우리는 사실에 대한 표상을 만든다. 이런 표상은 현실에 대한 하나의 모형이다. 이 표상은 현실과 일치하기도 하고 일치하지 않기도 한다. 이 표상은 맞거나 틀리고 참이거나 거짓이다. 이 표상이 참인지 거짓인지 알기 위해서는 이 표상을 현실과 비교해야 한다. 이 표상만으로는 이 표상이 참인지 거짓인지 알 수 없다.”

명백하지만 어쩐지 좀 심심한 설명이다. 철학이라면 좀 더 궤변을 늘어놓아도 괜찮을 듯싶다. 그러니까 문제를 조금 더 자세히 보면서 이런 질문을 한번 던져보자. “존경하는 비트겐슈타인 선생님, 우리의 표상을 비교할 수 있는 현실을 어디서 찾아야겠습니까?”

구체적인 예: 내가 앉은 의자는 튼튼하다. 그런데 — 물리학자들의 주장대로라면 — 의자는 역동적이고 ‘성긴’ 원자로 이루어져 있다. 느낄 수는 없지만 내 엉덩이도 대부분 텅 빈 중간 틈새와 전하電荷와 쿼크Quark(소립자 복합 모델에서의 기본 구성자 — 역자 주)가 묘하게 상호 작용한 결과물이다. 왜 내가 의자 속으로 빠지지 않으며, 왜 내가 의자와 함께 녹아서 ‘인간 의자’로 변하지 않는 걸까? 의자 오른쪽 다리에 사는 벌레는 의자의 요동을 어떤 식으로 기록할까? 지진으로? 의자를 ‘실제 모습대로’ 인지하는 자는 누굴까? 나? 아니면 그 벌레?

분명히 현실은 우리의 의식 바깥에 있다. 우리가 현실에 대해 알고 있는 모든 것은 틀림없이 우리의 감관을 통해,

말하자면 감각기관과 신경삭素과 뇌의 정련 장치를 통해 흘러들었을 것이다. 이런 과정을 통해 자료가 분류·여과·대상화된다. 불분명한 인상들은 우리 머릿속에서 상상할 수 없을 정도로 복잡한 과정을 거치면서 서로 합쳐져 비로소 하나의 통합된 표상을 이룬다. 우리가 현실이라고 부르는 것은 실제로는 **현실에 대한 표상**에 지나지 않는다. 박쥐와 외계인과 정신병자들은 우리와 전혀 다르게 세계를 지각한다.

내가 보는 의자가 이 정도의 미망일진대, 대우주는 오죽하랴. 겨울 밤하늘의 오리온자리를 보자. 오리온 오른쪽 어깨에는 벨라트릭스가 반짝이고 — 정확히 말하면 270년 전에 **반짝였다.** 빛이 도달하는 데는 이리도 오래 걸리므로 — 오른발에는 리겔이 반짝이는데 벨라트릭스보다 두 배나 멀리 떨어져 있다. 그리고 저 유명한 삼형제 별이 허리띠를 만든다. 하지만 보이는 그 자리에 실제로 그 별들이 있을까? 아니면 보이지 않는 천체의 중력 때문에 저 별빛이 변하지나 않았을까? 엄청 빠른 우주선을 타고 날아가 좀 더 가까이서 관찰해 볼까? 하지만 오리온의 털가죽에 가까이 가면 갈수록 오리온의 형태는 그만큼 불분명해진다. 오리온의 허리띠 별들 사이로 날아가 보면 허리띠는 오간 데 없다. 허리띠는 시각의 산물일 뿐이다.

셋째 예는 마음을 꽤나 뒤숭숭하게 만든다. 심리학자 프랜시스 스키너는 여러 개의 상자 속에 비둘기를 한 마리씩

넣고 실험을 했다. 실험자는 상자 속의 비둘기를 관찰할 수 있고, 비둘기는 스키너가 상자 밖에서 주는 정보만 받을 수 있도록 했다. 주요 정보란 일정 시차를 두고 시계에서 각 상자 속으로 떨어지는 모이였다. 그러면 비둘기들은 상자 안에서 몸을 움직이거나 돌아다니거나 날갯짓을 하거나 몸을 깨끗이 했다. 당연히 모이가 떨어질 때마다 비둘기는 어떤 식으로든 움직였다. 그러다 어느 순간 우연히 비둘기가 **같은** 몸짓을 할 때마다 두세 번씩, 혹은 더 자주 모이를 떨어뜨렸다. 이제 비둘기는 "배웠다". "아하, 그렇구나. 내가 오른쪽 날개를 펴면 모이가 떨어지는구나." 시계와 비둘기의 움직임에 아무런 상관이 없음에도 비둘기가 기대했던 이런 일이 점점 빈번해졌다. 그러자 비둘기는 **늘** 날개를 편 채로 있었고, **매번** 이런 자세로 모이를 받아먹었다. 비둘기의 '이론'은 이로써 입증되었다. 그러나 스키너의 실험은 **미친** 비둘기를 만들었을 뿐이다. 비둘기들은 줄창 한자리를 맴돌거나 끊임없이 머리를 흔들거나 왼 다리로만 서 있었다.

　사람도 스키너 상자 속에 살고 있는 걸까? 어느 정도는 그렇다. 인간이 외부 세계와 단절되면 자기만의 세계를 스스로 창조한다. 주위 사람들의 비판을 용납하지 않는 독재자들은 특히 현실 감각을 상실하기 쉽다. 외부와 전혀 접촉이 없는 사이비 종교 집단은 자동적으로 미신에 빠지게 된다. 사회 전체가 이성을 잃을 수도 있다. 마녀 미신이 그랬고, 국가 사회주의가 그랬다. 이런 착란의 체제는 온 체제가 확고하게 유지되고 있다는 식으로 모든 사실을 해석해 버린다. 그런 "진리"를 퇴치하는 약은 하나밖에 없다. 최대한 자유로운 커뮤니케이션.

결론은 이렇다. 우리에겐 표상과 비교할 수 있는 객관적인 현실이 없다. 다만 새로운 표상이 참이라고 검증된 기존의 모든 표상들과 서로 화합하는지만을 점검할 수 있을 뿐이다. 타당한 이론과 모순되는 것은 보통 오류나 거짓으로 간주된다.

이른바 정합설整合說 — "정합"이란 말은 라틴어 코헤레레cohaerere에서 파생되었으며 "상호 관련되다"란 뜻이다 — 에 따른 진리 개념은 법률 분야에서도 오래 전부터 통용되었다. 재판은 현실을 직접 소환할 수 없기 때문에 증인과 전문 감정인과 간접 증거에 의존한다. 증거 자료를 토대로 짜 맞춘 퍼즐과 피고인의 진술이 일치하면 이 피고인은 진실을 말한 셈이다. 맞지 않는다면 피고인은 거짓말을 한 것이다. 범죄 과정을 대부분 재구성할 수 있지만 불확실성의 찌꺼기는 늘 남게 마련이다. 증인과 전문 감정인과 간접 증거는 믿어도 되지만 우리 자신의 판단 능력만은 절대로 믿어서는 안 된다.

역설적이긴 하지만 개인적으로 친숙해질수록 인상이 왜곡되기 쉽다. 누군가를 정확히 알면 알수록 우리는 그만큼 우리의 판단에 매이게 된다. 우리 자신이 사건에 연루된

경우라면 우리의 판단은 전혀 믿을 것이 못 된다. 이것이
바로 일본의 명화 「라쇼몬」의 주제다.

사무라이 하나가 죽었다. 사무라이를 살해한 혐의로 타
요마루라는 도둑이 기소된다. 하지만 으슥한 숲 속에서 정
말 살인이 일어났을까? 사무라이의 아내는 이 범죄에서 어
떤 역할을 했을까? 그녀는 타요마루에게 성폭행을 당했을
까? 아니면 스스로 그에게 몸을 맡긴 후 남편의 살해를 교
사한 걸까? 구로자와 아키라 감독의 이 영화는 한 사건을
두고 서로 모순되는 네 가지 진술을 제시한다. 사건에 연
루된 사람 모두 나름대로 사건을 보는 시각이 있고, 각자
가 모두 진실을 말한다고 생각한다. 진실은 범행이 일어난
유령의 숲으로 사라져 버리고 만다.

무엇이 진실일까?

⚜

레바인 선생님은 물먹은 스펀지로 칠판을 닦으셨는데 어찌
나 세게 닦았던지 물이 마구 튀겼다. 그리고 뒤로 돌아서
셨다. "누가 그랬지?"

숲 속에 침묵이 흘렀다.

레바인 선생님은 우리에게 설교를 하셨다. 정직에 관하
여, 용기에 관하여, 거짓말쟁이의 타락에 관하여. 하느님
이 모든 것을 보고 있다고도 말씀하셨다. **디아볼루스**diabo-
lus(악마) ─ "모략자"이라는 원뜻이 입증하듯이, 거짓말은
악마로부터 나왔다는 말씀도 하셨다. 그리고 "이웃에 대해

거짓 증언을 하지 말라"는 여덟째 계명도 잊어서는 안 된다고 말씀하셨다. 그리고 줄마다 다니시면서 무슨 종교재판이나 하듯 이 학생 저 학생의 눈을 쳐다보며 물으셨다. "네가 그랬니?" 선생님은 '범인'이 눈빛을 보고 움찔하거나 빨개진 얼굴로 버벅거리며 고개를 떨굴 거라고 생각했던 것 같다.

"아닙니다." 너도나도 다 그렇게 대답했다. 움찔하는 아이는 하나도 없었다. (피노키오처럼) 코가 늘어나는 아이도 없었다. 이제 "종교재판소 대법관"께서는 "꿀벌" 사비네 잔트만 앞에 서셨다.

"네가 그랬니?"

"꿀벌"은 선생님의 눈을 빤히 보면서 미동도 없이 한마디로 잘랐다. "아뇨."

선생님은 음흉하게 웃으면서 물으셨다. "정말 아냐? 네 글씨를 아는데! **진실**을 말해!" (후편 계속).

⚜

어린이와 바보는 진실을 말한다. 주정뱅이조차 취중에 안 사실 — 진실은 아니더라도 — 을 속으로 삼키지 못한다. 진실을 말하는 것, 그것은 모든 아이가, 모든 바보가, 모든 술주정뱅이가 할 수 있다. 능숙한 거짓말에는 지능과 상상력과 약간의 인간이해가 필요하다. 물론 거짓말 자체는 진실이 아니다. 거짓말은 아부, 메이크업, 광고, 공손, 변장, 연극, 예의, 유행, 문화, 낭만주의 등등 갖은 미화

법으로 제 본래 성격을 위장한다. 모든 것이 거짓·위장·허위이며, 거짓 사실에 대한 환상이고 기만이다.

"임금님이 벌거벗었다!" 동화 속 아이가 이렇게 소리친다. 이 아이는 전문가의 도움으로 실제 삶에서 무엇이 중요한지를 좀 배워야겠다. 문제는 진실이 아니라 사회생활에 필요한 거짓말이다. 그리고 행복이 에덴의 선악과가 아니라는 것, 환상에 근거한 행복감도 참된 행복이라는 사실도 배워야 한다.

포커와 정치에서 진실은 패자의 편이고 선거전은 고도의 사기극이며 임금 협상에서는 엄포가 으뜸패다. "언어란 생각을 감추기 위해 있는 것." 탤리랜드의 말이다. 또 마키아벨리는 이렇게 권했다. "약속을 지키는 것이 자신에게 해롭거나 약속을 지켜야 할 이유가 소멸된 경우, 현명한 군주는 약속을 지킬 수도 없고 지킬 필요도 없다. 그리고 군주가 약속 파기를 미화하는 합법적인 이유를 제시하지 못한 경우는 일찍이 없었다." 플라톤조차도 선전용 거짓말이 정치적 수단으로 불가피하다고 생각했다. 「프라우다」(구 소련 공산당 기관지 — 역자 주)는 "진리"라는 뜻이다.

무구한 자연계에도 위장과 속임수는 흔하다. 그 덕에 생존하는 생물들이 많다. 재니등엣과에 속하는 무해충들도 노랑 깜장 무늬로 짐짓 자기가 위험한 곤충인 양 속인다. 반딧불이는 종류마다 각기 다른 빛의 신호를 보낸다. 포투리스라는 반딧불이 종의 암컷이 거짓 신호를 보내서 짝짓기하고 싶은 수컷을 유혹하는 것은 바람을 피우기 위해서가 아니라 잡아먹기 위해서다. "움직이는 이파리"라는 열대메뚜기는 정말 완벽한 가면을 쓰고 있다. 이 메뚜기는 이렇게 천적인 새들의 공격을 피하지만 가끔 영문 모르는 초식 동물에게 잡아먹히기도 한다.

짧게 말하면, 진실은 칭송받고 거짓말은 보답받는다. 물론 착한 거짓말만.

⚜

"바른대로 말해!"

레바인 선생님은 "꿀벌"의 삐죽 솟은 코를 집게손가락으로 가리켰다. "바른대로 말해!" — "꿀벌"은 얼굴이 빨개졌고 솟구치는 눈물을 억누를 수 없었다. 레바인 선생님은 교탁으로 가셨다. 출석부를 펼치는데 만년필을 쥔 손이 부르르 떨렸다. 그때 내가 손을 들고 큰 소리로 말했다. "제가 썼습니다! 제가 선생님 글씨를 흉내 냈습니다."

레바인 선생님은 당황하시는 빛이 역력했다. "어, 그래? 그럼 **네**가 혼나야겠구나!"

"왜 그러시는지 물어봐도 됩니까? 사실 바리사이파 사람들은 성실하고 신앙심이 돈독한 학자들이었습니다. 훗날 그리스도교가 이들을 악평했던 거죠. 제가 '바리사이파 사람'이라고 하면 그건 칭찬입니다."

레바인 선생님은 속으로 분을 삭이며 서둘러 교실 밖으로 나가셨다. "꿀벌" 잔트만이 내게 오더니 점심시간에 나와 키스하겠다고 약속했다. 내가 몇 주 전부터 키스하자고 그렇게 졸랐었는데.

뭐라고? 그 이야기가 **진실**(사실)이냐고? 이 글을 읽고도 진실인지 아닌지가 당신에겐 그토록 중요한가? 이탈리아 말에 "세 논 에 베로, 에 벤 뜨라바또"Se non e vero, e ben tro-vato라는 것이 있다. "사실이 아니지만 제법 그럴듯하게 잘 꾸며 냈다"는 뜻이다.

더 알고 싶은 분들께는 Paul Watzlawick이 펴낸 *Die erfundene Wirklichkeit* (München 1981)를 권한다.

4

사랑

혹은

달 고 도 쓴 악 령

Love, love, love, love, love, love, love, love, love, love.

· 비틀즈

견진복은 좀약을 넣어서 보관해 두었고, 마태오·마르코·루가·요한 네 복음서는 서랍에 들어 있다. 현대의 복음사가는 리버풀 출신이다. 그들의 신곡 하나하나가 새로운 계시였다. 그리고 지금은 이런 계시를 전해 준다. "*All you need is love, love, love, love is all you need*(그대에게 필요한 건 사랑, 사랑, 사랑뿐, 사랑만이 그대에게 필요한 전부라네)."

열네 살짜리 소년은 자기가 새로 알게 된 사실을 세상 사람들이 모두 알아야 된다고 생각했다. 소년은 견진성사 때 선물 받은 녹음기에 노래를 녹음해서 자기 방 창틀에 올려놓고 엘베 강변에 울려 퍼지게 했다. 서풍이 불 때는 동독 국경 지대의 사람들도 이 사랑의 선전 공세를 즐길 수 있었다. 하지만 소년은 동독 인민경찰이 이 노래를 들었으면 좋겠다고 생각하지는 않았다. 소년은 자신이 사는 시골에서 소녀가 길을 잃는 꿈을 꾸었다. 새를 새장에서 풀어주는 동화 속 공주. 공주가 노래를 듣고 고개 들어 창문을 올려다보면 … 자연스레 마주치는 눈길. 천지간에 하나 되려 서로를 향해 뻗치는 두 줄기 번개. 최면에 걸린 듯, 이심전심 혼연일체, 현의 크레센도처럼 점점 격렬해지는 키스, 두 손 마주 잡고 돌아가는 파라다이스 ….

⚜

사랑에 대한 열네 살짜리 소년의 공상은 고대 철학에 바탕을 두고 있으며, 플라톤의 『향연』에 나오는 저 유명한 신화와 정확히 일치한다.

태초에 인간은 공처럼 둥글었고, 팔다리가 각각 넷, 얼굴이 둘이었다. 사람들은 팔다리 여덟을 바퀴살처럼 뻗어 재주넘기를 하면서 들판을 돌아다녔다. 이 공 인간들은 무쇠처럼 강하고 완전했다. 거만해진 사람들은 '주먹감자'를 먹이며 신들을 모독했다. 화가 머리끝까지 치민 신들은 모든 공들을 반쪽씩 갈라서 세상에 흩뿌려 놓았다. 그때부터 한탄 소리가 드높았다. 왜냐 하면 "우리 모두가 한 사람의 반쪽일 뿐이어서 끊임없이 자기와 맞는 반쪽을 찾고 있기 때문이다". 잘려 나간 흉터는 없어도, 영혼의 상처는 무슨 수로 치유할지, 동화 속 공주가 '반쪽이 마을'에서 길이라도 잃으면 모를까 …. "사랑하는 사람이 숙명적으로 자신의 반쪽을 찾게 되면 두 사람은 우정과 신뢰와 사랑의 그 놀라운 감정에 사로잡혀 한순간도 서로 떨어지고 싶어 하지 않는다 …. 그건 우리의 본성 탓이다. 그 옛날 우리는 온전한 존재였다. 온전한 전체에 대한 욕구와 갈망, 그것이 바로 사랑(에로스, erós)이다."

신화는 멋대로 꾸며 낸 이야기가 아니다. 흔히들 낯선 형식을 빌려 역사적 사건을 반영한다. 누구나 **태곳적 분열**을 경험했다. 물론 나 자신은 그 일을 잊어버렸지. 정신과 의사 R. D. 랭의 환자 얘기나 들어 보자.

"저는 태내에서 둔위 상태(출생 시 태아의 엉덩이가 먼저 나오는 경우 — 역자 주)로 누워 있었죠. 그런데 사람들이 나를 뒤집더니 집게로 끄집어냈어요 — 아직도 오른쪽 부위의 통

증이 느껴지네요 — 결국 저는 밖으로 나왔죠. 정말 몸서
리치게 끔찍했지만, 간신히 웃을 수 있었어요. 그러고 나
서 탯줄을 자르고, 마침내 그 빌어먹을 인간들이 뭔 일을
저지르고 말았다는 사실을 알게 됐어요."

이런 일이 가슴에 남다니. 우리는 평생토록 다시 융합할
몸을 찾고 있다 — 아기가 꼭 안기는 엄마의 몸이든, 아무
리 향유해도 충분치 않을 애인의 몸이든, 개인이 흔쾌히
헌신할, 노래하고, 소리 지르고, 전진하는 공동체의 몸이
든! 재결합은 행복이다. 이별은 옛 상처를 다시 헤집어 놓
는다. 붐비는 백화점에서 엄마를 잃고 울며불며 "엄마!"를
부르면서 이리저리 헤매고 다니는 아이보다 더 불행한 사
람이 있을까? 저녁에 집에 돌아와 텅 빈 집에 덜렁 놓여
있는 한 통의 짧은 이별 편지를 손에 든 남편이 어쩌면 더
불행할까? 교회에서 파문을 당해서 돌멩이가 빗발치는 가
운데 고향에서 쫓겨나는 사람은 또 어떤가? 어떤 경우든
이별의 악몽을 치유하는 데는 사랑이 약이다.

사랑의 뿌리가 출생에 있다면 사랑이 우리에게 두 얼굴
을 보여 주는 것은 당연하다. 바라고 우러르는 아이 얼굴,
베풀고 들어주는 엄마 얼굴.

『향연』만큼 이 첫째 얼굴을 절묘하게 드러내는 것도 없
다. 희극 작가 아리스토파네스가 공 인간의 신화를 이야기
한 이래, 사랑에 대해 언급한 사람은 소크라테스였다. 그
에 따르면, 에로스는 신의 세계와 인간 세계를 중개하는

일종의 천사, 다이몬daímon이다. "왜냐 하면 신이 몸소 인간에게 다가가는 법은 없고, 신과 인간 사이의 모든 관계와 대화는 꿈이든 생시든 다이몬의 중개를 통해 이루어지기 때문이다."

다이몬은 쉴 새 없이 날아다니며 인간들에게 아름다움에 대한 그리움을 일깨워 준다(고대 그리스적 사유에서 진·선·미는 같은 것이었다). 하지만 사랑에 빠진 사람들은 아름다움을 소유하는 데 만족하지 않고 아름다움 속에 자신을 증식시키고 싶어 한다. "모든 사람은 자신 안에, 육체와 영혼 속에 씨앗을 지니고 있으며 일정한 나이가 되면 우리의 본성을 번식시키려는 욕구를 느낀다." 생식은 더 깊은 의미를 지닌다. 인간에게 생식이란 영원한 삶에 가장 가까이 접근하는 것을 뜻한다. 따라서 사랑은 언제나 불사불멸을 꿈꾼다. 사랑은 시간의 감옥에서 탈출하려는 시도다.

남자가 육체적인 사랑에 빠지면 함께 후손을 생산할 여자를 찾는다. 이것이 유전자의 형태로나마 사후 불멸을 보장받을 수 있는 길이다. 정신적 사랑에 사로잡힌 사람은 창조적 업적을 통해 자신을 영원히 남기려 한다. 철학자 플라톤이 둘 중 어느 것을 선호했느냐는 두말할 나위도 없다. 궁극적으로 플라톤이 추구한 것은 이데아에 대한 사랑이었다. 인간이 거기 도달하는 데는 다섯 단계가 있다. (1) 사랑의 신비를 깨달으려는 수행자가 어느 특정한 육체의 아름다움에 반하는 단계, (2) 육체적 아름다움 자체에 대한 사랑, (3) 영혼의 아름다움에 대한 사랑, (4) 아름다운 인식과 행위에 대한 사랑의 단계를 거쳐, (5) 궁극적으로 가장 높은 단계에서 — 이쯤 되면 이미 신의 영역을 건드리고 있다 — 철학자는 아름다움의 이데아를 본다. "어느 한 단계를 골라야 한다면, 바로 삶의 이 단계에서 아름다움 그 자체를 바라보는 데에 인간의 현존은 그 가치가 있다."

이 말은 무척 고상하게 들린다. 사실 소크라테스의 말에는 대지의 여신 데메테르를 숭배하는 엘레우시스교의 비의가 숨어 있다. 사랑이 종교적인 차원으로 승화되는 일은 다른 문화권에서도 흔히 볼 수 있다. 밀교의 카마수트라와 여기서 영감을 받은 관능적인 사원 부조들을 생각해 보라. 또 솔로몬의 아가서에 나오는 신비로운 사랑의 고백을 생각해 보라. "아름다워라, 그대, 나의 고운 짝이여. 너울 뒤의 그대 눈동자 비둘기같이 아른거리고, 머리채는 길르앗 비탈을 내리닫는 염소떼, … 그대의 젖가슴은 새끼 사슴 한 쌍, 나리꽃밭에서 풀을 뜯는 쌍둥이 노루 같아라. … 나의 귀여운 짝이여, 흠잡을 데 하나 없이 아름답기만 하여라. 나의 신부여."

이 점에서, 사랑을 더 잘 설명해 주기로는 소크라테스의 에로스가 공 인간 모델보다 낫다. 사랑할 때 우리는 우리와 똑같은 사람을 찾지 않는다. 우리는 스스로 정말 끔찍이도 형편없는 존재라는 사실을 너무 잘 안다 — 우리의 가능성은 멋지지만, 현실성은 그야말로 꽝이다. 우리가 찾는 것은 우리를 고양시키고 더 나은 자아로 양육시켜 줄 수 있을 숭고한 존재다 — 소설 주인공으로 등장하는 하얀 가운의 의사든, 발코니에서 웃음짓는 중세 연가문학의 귀부인이든. 사랑을 하게 되면 흠모하고 숭배하고 싶어진다. 이제 곰곰이 생각해 보니, 열네 살 소년이 꿈꾸었던 동화 속 공주의 금발머리 주위를 후광이 둘러싸고 있었다. 그녀의 딸기 같은 입에서 나온 말은 "그냥 친구처럼 지내~" 정도가 아니라 그야말로 구원의 약속이었다.

⚜

그리고 마돈나의 선한 모습, 사랑의 또 다른 얼굴이 베일을 벗고 나타난다. 이 사랑은 부족함이 없으며, 사랑 그 자체를 위해 뭔가를 열망한다. 이 사랑은 자신을 내줌으로써 이루어진다. 외적 아름다움에는 전혀 관심을 보이지 않으면서 이기심 없이 사랑의 빛과 온기를 온 세상에 나누어 준다. 추하고 가치없는 것조차도 이 사랑의 광채를 받으면 사랑스러워진다.

고린토 전서 13장의 저 유명한 구절이 바로 이런 사랑에 해당한다. "사랑은 오래 참습니다. 사랑은 친절합니다. 사랑은 시기하지 않습니다. 사랑은 자랑하지 않습니다. 사랑은 교만하지 않습니다. 사랑은 무례하지 않습니다. 사랑은 사욕을 품지 않습니다. 사랑은 성을 내지 않습니다. 사랑은 앙심을 품지 않습니다. 사랑은 불의를 보고 기뻐하지 않고 진리를 보고 기뻐합니다. 사랑은 모든 것을 덮어 주고 모든 것을 믿고 모든 것을 바라고 모든 것을 견디어 냅니다. 사랑은 가실 줄을 모릅니다.”

이런 사랑이 성선性腺과 아무런 관계가 없다는 사실은 자명하다. 그래서 오해를 피하기 위해 신약성서는 — 다이몬의 에로스와 구분하여 — 이 사랑에 아가페agápe라는 착한 이름을 지어 주었다. 아가페는 부모 자식 간의 관계를 규정한다. 그래야 마땅하다. 그리스도교에서는 인간에 대한 하느님의 사랑도 이 사랑이다. 셋째는 이웃 사랑이다. 주위 사람들을, 원수도, 추위에 몸이 꽁꽁 언 신문 배달 소년도 형제로 생각하는 그런 사랑이다.

신문 배달 소년이 몸을 녹이기 위해 커피숍에 들어온다. 주근깨투성이 얼굴, 동그란 눈, 옛날 식 조종사 가죽모자. 혼자 바에 앉아 있던 한 떠돌이가 찬찬히 소년을 살피더니 손을 흔들며 말한다. “사랑해.”

그 말을 에로스로 알아들은 바텐더 왈: “미성년잔데요.”

하지만 그 떠돌이는 아가페를 말한 것이다. 그의 이야기를 들어 보면 분명히 알 수 있다. 그토록 사랑하던 아내가 떠났다. 이미 오래 전에. 아내가 떠나자 그는 사랑에 대한 믿음을 잃어버렸다. 오랜 세월 마음의 상처를 부여안고 정처 없이 세상을 떠돌아다녔다. 그러던 어느 날 그는 잘못이 자신에게 있었다는 사실을, 사랑이 뭔지도 모르면서 가장 사랑하기 까다로운 대상인 여자와 사랑을 하려고 했었다는 사실을 깨달았다. 그때부터 그는 사랑을 배우고 익혔다. 나무나 바위나 구름처럼 지극히 단순한 대상을 상대로 자기 마음에 사랑이 싹틀 때까지 계속해서 그것들을 바라보았다. 그가 사랑한 첫 동물은 어항 속 금붕어였다. 이제 그는 거의 목표에 도달했다. "인파가 넘실대는 거리를 보노라면 아름다운 빛이 나를 가득 채우지. 나는 공중의 새들을 관찰하거나 시골길에서 나그네를 만나기도 하는데 — 아들아, 무엇이든, 누구든 다 똑같단다. 다들 낯설지만 그 모두를 나는 사랑하지."

누가 더 완전한 사랑을 하는 걸까? 카슨 맥컬러스의 소설에 나오는 이 멋진 떠돌이일까, 아니면 추상적 아름다움에 대한 표상을 즐기며 정신적인 것에 심취한 플라톤의 철학자일까?

⚜

아니면 이런 사랑은 **현실 속의** 사랑과는 전혀 무관한가? 우리 중 99.9%가 체험하는 사랑은 훨씬 더 무미건조하고 실리적이고 문제투성이가 아닌가? 건전한 상식인이라면 아니라고 못 할 것이다. 이제 형이상학의 뜬구름에서 내려와야 할 때가 된 것 같다. 지상에 오신 것을 환영함!

아리스토텔레스가 말하는 동반자적 사랑(필리아, philía), 사랑의 세 번째 고전적 형태를 살펴보자. 얼핏 보기엔 이렇다 할 비밀도 감추고 있지 않은 사랑인 듯. "남녀 간의 우정과 사랑은 하늘이 내린 것이다. … 그들은 서로를 위해 자신의 재능을 바침으로써 서로 협력한다. 그러니 우정에는 이익과 욕망이라는 관점도 작용한다. 당사자들이 반듯한 사람이라면 모든 문제를 덕으로 풀어 나갈 것이다. 각자가 나름대로 장점을 가지고 있거니와, 서로는 거기서 기쁨을 얻는다.”

동반자적 관계에서 피어난 사랑은 성적·영적 자아도취라는 측면에서, 에로스적 사랑처럼 그렇게 꾸준하지 못하다. 스탕달이 “결정화”結晶化라고 부른 과정이 진행되는 동안, 그러니까 광기에 물든 처음 얼마 동안을 제외하고는 말이다. 이 시기에는 눈에 콩깍지가 씌어 인격의 됨됨이를 제대로 가늠할 수 없을 정도로 파트너의 이미지를 이상화시킨다. 한편, 동반자적 사랑에는 그리스도교의 아가페 같은 절대적 이타성이 없다 ― 파트너 중 하나가 중환자실에 누워 있을 때를 빼고.

필리아는 사랑의 극단적 이상理想에 관여하지만 그 본질은 어딘가 딴 데 있다. 그저 함께 있음에 대한 기본적인 기쁨이 그것이다. 스탕달은 말한다. “사랑이란, 모든 감각을 총동원하여 사랑하는 사람을 보고 만짐으로써 바로 곁에서 느끼는 즐거움, 그 사랑스런 즐거움이다.” 게다가 세월이 흐르면, 함께 고생하며 이룬 자수성가의 자부심하며 함께 낳아 기르는 아이에 대한 염려까지도 덧보태진다. “아이들은 공동의 자산이며, 공동의 것은 무엇이든 서로를 한데 묶어 준다.” ‘아빠’ 아리스토텔레스의 확신이다.

필리아의 경우, 전체는 부분의 합보다 크다. 이 점, 경제적으로도 대단히 흥미롭다. 두 사람은 공동 구좌에 사랑을 넣어 두고 꺼내 쓴다. 그런데 '커플 은행'의 금리는 엄청 높아서, 둘의 저축액보다 훨씬 많은 돈을 찾아 쓸 수 있다. 필리아는 '손익 제로'의 본전치기가 아니다. 흔한 말로, "고통은 나누면 반이 되고 기쁨은 나누면 배가 된다". 누구나 실제로 경험하는 일 아닌가!

여기서 잠깐! 사랑이 그렇게 만만하고 해 볼 만한 일이라면 이혼 가정과 독신자는 왜 그렇게 늘어 가는 걸까? 역설적인 대답: 사랑에 관한 한, 실천은 이론의 증가에 반비례하기 때문. 아시겠지만, 정작 비평가들이 작가로서는 형편없다. 날고 긴다는 교육학자도 이론에 목매달고 살다 보니 부모로서는 가끔 자격 미달일 수 있다. 사랑도 마찬가지다. 사랑에 관해서 수십 권의 책을 읽고, 수백 번의 토크쇼를 보고, 수천 번 넘게 토론했다. 한마디로, 우리는 전문가가 되었다. 모름지기 남녀 관계가 **어떠해야 하는지** 정확히 알고 있으며, '남녀상열지사'에 관한 한 남부럽지 않게 장광설을 풀 수도 있다. 하지만 실제로 어떻게 사랑해야 할지에 대해서는 아무것도 모른다. 두꺼비가 지네에게 물었다. "야, 너는 어떻게 그렇게 안 넘어지고 잘 다니니?" 그 말을 듣자 지네가 그대로 앞으로 고꾸라졌다. 어려운 일은 의식하지 않고 할 때 가장 잘되는 법, 이론은 실천의 적이다.

아르투어 쇼펜하우어는 『사랑의 형이상학』이라는 꽤 지적인 책을 썼다. 사랑에 대한 책을 쓴 쇼펜하우어였지만 어린 소녀 플로라 바이스에게 구혼했다가 참담하게 거절당했다. (당시 쇼펜하우어는 마흔네 살, 플로라 바이스는 열일곱 살이었다.) 베를린 호수에서 뱃놀이를 하다가 쇼펜하우어는 소녀에게 포도를 건넸다. 가여운 플로라는 어떻게 했을까? "받고 싶지 않았어요. 늙은 쇼펜하우어가 만진 거라 구역질이 나데요. 그래서 뒤로 아주 침착하게 물에 던져 버렸어요." 앞서 말한 것이 아마 **한 가지** 이유는 될 것이다.

우리도 이런 꼴 당하기 전에 사랑에 대해 철학하는 일은 이쯤에서 접자. 사랑이 뭔지 **알아야** 사랑을 하나!

"All you need is love, love, love, love is all you need."

더 알고 싶은 분들께는 연애편지를 권한다.

5

고독

혹은

섬 을 사 랑 한 남 자

고독한 사람은 자기를 건드릴 사람이 아무도 없어서 참 좋다.

· 빌헬름 부쉬 『독신자』

아, 고독이여! 그대 내 고향 고독이여!
그대 목소리 내게 얼마나 복되고 다정한가!

· 프리드리히 니체 『독신자』

고독남이 고독하기 위해 고독녀를 찾습니다.

· 「애인 구함」 신문 광고

지혜는 고독의 딸이다. 그래서 철학자는 뭉치기를 싫어한다. 호화 사무실보다는 책이 있는 소박한 골방을 백배 더 좋아한다. 산, 사막, 외딴 섬 등에서 홀로 자연과 함께 있을 때 가장 맘 편하고 든든하다. 여기서는 주위의 잡담에 방해받지 않고, 내면의 프롬프터(무대 뒤에 숨어서 배우에게 대사나 동작을 일러 주는 사람 — 역자 주)에 귀 기울인다. 생활에서 차가운 머리와 반듯한 가슴을 견지해 줄 영혼의 힘을 정적의 샘에서 길어 올린다. 여기서 철학자는 고독의 또 다른 딸들을 만나는데, 예술가와 예언자가 바로 그들이다.

안다, 알아, 철학자라고 **다** 괴짜는 아니다. 심지어 "누구든 혼자 있는 동안에만 온전히 자기 자신일 수 있다"는 지혜를 남긴 쇼펜하우어까지도! 철저한 외톨이 쇼펜하우어도 자기가 기르던 푸들을 데리고 산책하기를 제일 좋아했다. 물론, 평소 남들과 어울리기를 좋아하는 사람도 고적한 해변가나 침묵이 감도는 숲이나 텅 빈 고속도로에서 뭔가를 얻을 수 있다. 우리 몸에는 누구 할 것 없이 철학자의 피가 흐르고 있다. 다만 그 피가 어떤 이에게는 새끼발가락 모세혈관 하나쯤에 흐르고 또 어떤 이에게는 굵은 동맥이나 정맥을 따라 흐른다는 것뿐이다.

철학자냐 아니냐 하는 질문에 대해서는 그저 양을 기준으로 대답할 수밖에 없다. 나라면 이렇게 말하겠다. '더 갖춘 철학자'의 특성 가운데 **하나**는, '덜 갖춘 철학자'와 함께 있느니 차라리 고독을 택하고 저 옛 로마인의 주장에 기꺼이 동의한다는 것이다 — "혼자 있을 때보다 덜 외로운 적은 없더라."

⚜

내게 산은 너무 높고, 사막은 너무 뜨겁다. 차라리 나는 섬을 사랑한다. 섬을 꿈꾼다. 그 신비스런 이름에서 — 모리셔스, 발리, 트리스탄다쿠냐, 헬골란트 — 나는 바위에 부서지는 파도 소리와 바다새들의 날카로운 울음을 듣는다. 나의 첫 섬에 발을 들여놓기 오래 전부터 나는 이미 어떤 섬의 주민이었다. 로빈슨 크루소는 어느 해 9월 30일, 자기 생일날, 파도에 휩쓸려 외딴 섬 해변가에 도달했다. 그날은 공교롭게도 내가 물결치는 자궁으로부터 개체 존재의 불편한 해안으로 떠밀려 나온 바로 그 9월 30일이었다. 우연일까? 어릴 적, 왜 스티븐슨의 『보물섬』이 내겐 북부 독일의 저지대보다 더 고향같이 느껴졌을까?

훗날 나는 진짜 섬을 알게 되었다. 아일랜드 남서해의 발렌시아 섬, 태국 만灣의 코 사메드 섬, 심지어 방어로게 섬이나 노르더나이 섬(이 두 섬은 독일의 니더작센 주에 있다 — 역자 주)에서도 나는 최상의 기분을 맛보았다. 남태평양은 지금까지도 꿈만 꾸고 있다. 뵈클린, 다이아나, 프린세스 오브 웨일즈 같은 무인도는 최후의 안식처로 대단한 매력을 간직하고 있다.

"어떤 사람도 섬은 아니다"라고 존 던이라는 '형이상학적' 시인은 말했다. 너무 성급한 생각 아닐까. 죽어서 섬에 묻히는 사람은 차츰 섬의 일부가 될 텐데. 적어도 분자의 차원에서 우리 모두는 "자연으로 돌아가고" 있다. 낭만주의 자연관의 예언자 장 자크 루소는 1788년 에르미노빌 궁정 호수의 "포플러 섬"에 묻혔다. 죽어서야 자신의 전 생애를 반영하는 목가적인 섬에서 홀로 쉬게 된 것이다. (혁명 중에 그의 시신은 파리로 옮겨졌다.)

이 철학자를 위해 잠시 묵념하자! 마땅히 그래야 할 사람이다. 역대 사상가들의 순위를 영향력순으로 매긴 리스트가 있다면 루소는 의당 '탑텐'에 들 것이다. 고독이라는 주제를 그보다 더 열정적으로 성찰한 사람은 없으리라.

✢

정말 놀라운 삶이었다. 1712년 제네바에서 태어난 루소는 대학은 고사하고 학교 한번 제대로 다녀 보지 못했다. 열여섯 살 때 견습생 자리를 팽개치고 파리로 가서 20년 동안 음악가, 가정교사, 비서로 일하며 순탄치 않은 삶을 꾸려 갔다. 마음을 모질게 먹고 별짓을 다해 가며 인생을 책 삼아 공부했다. 하지만 자신이 정말 앞으로 무엇을 할 것인지 확신이 서지 않아 늘 마음이 어지럽고 혼란스러웠다.

그러던 중 1750년이 되었다. 이 해는 루소에게 극적인 반전의 해였다. 시건방지고 소름끼칠 정도로 비학문적인 한 논문에서 그는 학문과 문화가 인간을 개선시킨다는 사실을 반박했다. 오히려 학문과 문화는 인간을 자연적 본성에서 소외시킬 뿐이지만, 이 본성이야말로 고결하고 순수한 것이라고 주장했다.

이 말은 당시 백 년 동안 지식인 사회를 지배했던 계몽주의 철학의 정강이를 걷어차는 것과 같았다. 계몽주의자들, 특히 볼테르는 교양과 학문과 기술적 진보의 혜택을 굳게 믿고 있었다. 그런데 난데없이 웬 촌뜨기가 나타나 도전적인 글을 마구 써 대면서 당대의 신경을 건드렸다! 학계와 사교계는 더러 격분하기도 했고 더러 열광하기도 했다. 루소는 그야말로 최후의 외침이었다.

그리고 둘째 기적. 루소가 신랄한 사회 풍자가로 그쳤더라면 이런 선풍적인 인기로 한밑천 잡아 유족한 여생을 즐겼을 것이다. 당시 왕과 제후들은 문화계의 영웅적 인물들을 재정적으로 후원하는 일을 그야말로 영광스럽게 생각했다. 하지만 루소는 한 푼의 연금도 한 푼의 녹祿도 받지 않았다. 그는 자신의 이상을 실제로 **실현**해 보겠다는 모험적인 생각을 하고 있었다. 아무 욕심 없이, 정말 지나치다 싶을 정도로 자연을 벗 삼는 그런 삶을 한번 살아 보고 싶었다. 귀족 사회가 사치와 허영으로 타락했다고 판단하고 소박한 생활을 통해 사회의 거울이 되려고 했던 것이다. 그리고 책을 써서 자신의 생각을 백성들에게 알리려 했다. 하지만 책을 팔아서 번 돈으로는 생활하지 않으려고 악보를 베껴 쓰는 일을 하면서 힘겹게 생활비를 벌었다.

셋째 기적. 그 후 몇 해 동안 루소가 쓴 책은 모두 폭발적인 반향을 불러일으켰다. 그가 쓴 소설 『율리에』는 18세기 최고의 소설로 평가받았다. 그의 정치적 이상향을 그린 『사회 계약론』은 프랑스 혁명의 이념서가 된다. 그리고 아동 교육서 『에밀』. 칸트조차도 감동을 받아 흥분한 『에밀』은 오늘날까지도 풋풋한 신선함이 조금도 가시지 않은 걸작으로 통한다. 마지막으로 쓴 책은 자서전이었다. 그러나 성性에 대한 적나라하고 포괄적인 정신분석을 최초로 시도한 이 자서전은 (그가 세상을 떠난 뒤) 세상을 발칵 뒤집어 놓는 일대 스캔들이었다.

루소라는 현상을 제대로 평가하기 위해서는 그와 쌍벽을 이루는 볼테르와 비교하지 않을 수 없다. 오늘의 눈으로 볼 때 볼테르의 저작들은 기껏해야 그 시대에 국한된, 좀 심하게 말하면 헛소리다. 자주 인용되는 『캉디드』조차도 우스갯소리를 늘어놓은 것에 불과하다. 반면에 루소를 읽는 일은 지금도 일종의 도전이자 기쁨이다. 그는 시대를 초월한 인물이고 마르지 않는 영감의 샘이다. 여기까진 좋았다.

⚜

루소의 생활양식에도 약점은 있었다. 자신의 생활양식 때문에 그는 점점 더 "외딴섬"으로, 즉 고립Isolation(이탈리아어 isola = 섬) 속으로 빠져 들었다 ― 정신적으로, 때로는 공간적으로.

1765년, 제임스 와트가 최초로 증기기관차를 만들고, 괴테라는 젊은이가 라이프찌히 대학에 입학했다는 그해,

루소는 프랑스 관아를 피해 도망 다니고 있었다. 가톨릭 교회와 파리 법원은 "그리스도교의 토대를 파괴한다"는 이유로 『에밀』을 금서 목록에 올렸다. 그야말로 중죄였다. 철학자 루소는 고향 스위스에서도 쫓기는 신세가 되었다. 언젠가 모티에라는 산골에 숨어 있을 때는 농부들이 몰려와 집에 돌을 던진 일도 있었다. 소크라테스 같은 운명에 처한 루소는 그곳을 빠져 나와 빌러제 호수의 페터 섬에서 숨어 살았다. 지구 위에 점 하나 찍어 놓은 듯한 목가적인 섬, 그곳에 외딴집 한 채. 몇 주 동안 이 섬에서 살아남기 위해 갖은 고생을 하면서도 정말 꿈같은 시간을 보냈다. 회고록에 씌어 있기를: "나는 이 두 달이 내 삶에서 가장 행복한 시간이었다고 생각한다. … 사실 거기 머물면서 내가 한 일은 모두가 유유자적하는 인간이 행할 바 가치롭고 필요한 것들이었다. … 힘든 일을 하고 싶지 않을 때는 내 마음에 쏙 드는, 게으름뱅이도 기꺼이 하고 싶을 정도로 손쉬운 일을 그냥 재미 삼아 했다." 그러다 섬 식물을 관찰하고 싶은 생각이 들었다. 식물 채집을 하다 지치면 배 타고 노 저어 호수로 나갔다. "나는 물결 따라 이리저리 떠다니는 배 위에 누워 하늘을 바라보면서 몇 시간씩 혼란스럽지만 달콤한 온갖 상념에 젖어들곤 했다."

❧

여기서 잠깐 뭐 하나 물어보자. 철학자 루소는 섬에서 왜 그토록 행복했을까? 섬, 도대체 그게 뭐길래?

섬은 세상과 단절되어 있다. 그 자체가 하나의 우주다. 섬에서는 시간 가는 게 다르다. 이상적인 섬은 기차 시간표와 근무 계획표에 따르지 않는다. 섬을 지배하는 건 작업 시간 등록기가 아니라 계절과 날씨와 밀물과 썰물이다.

섬은 유한하고 한눈에 다 들어오며, 가장자리가 있어서 그리로 걸을 수 있다. 이건 정말 중요하다! 나는 해안을 따라 섬을 한 바퀴 돌고 나서야 집처럼 편하다는 느낌을 받는다. 그것도 하루에 다 돌 수 있어야 한다. 그렇지 못한 섬은 내 느낌에 섬이 아니다. 섬 주민도 너무 많지 않아야 한다. 진짜 섬이라면 모두가 서로 알고 지낸다. 대문도 잠그지 않는다. 섬은 신뢰의 장소다.

섬은 물의 힘이 지배하는 한 조각 땅이다. 파도가 산기슭에 거세게 몰아쳐 절벽이 솟는다. 바람은 습하고 짠 내가 물씬거린다. 문명의 기념비는 육지보다 섬에서 더 빨리 스러지고, 거대한 자연의 힘은 변덕스럽고 거칠 것 없다.

벌판에 홀로 떨어져 있음, 전원의 따뜻한 품에 안김, 자연을 마음속에 맞아들임 — 이런 점 때문에 섬은 로맨틱한 사람의 거울이 된다. 섬에서 그는 자기 자신을 사회로부터 유리된 개인으로, 자기 안에서 쉬기도 하고 휘몰아치기도 하는 자아로 발견한다.

⚜

루소가 섬을 그토록 멋지고 낭만적인 곳으로 생각했을진대 **고립**된 생활이 뭐 그리 나빴을까?

이제 동전의 뒷면을 살펴보자. 다들 알겠지만, 섬이라고 다 좋은 건 아니다. 마요르카 섬(독일 사람들이 가장 많이 찾는 스페인의 관광지 — 역자 주)을 두고 하는 말은 아니다. 사할린이나 앨카트래즈 섬(1963년까지 미 연방 교도소가 있던 샌프란시스코 연안의 작은 섬 — 역자 주)같이 이름마저 절망의 메타포가 되어 버린 악마의 섬을 말하는 것이다. 육지와 연결만 끊어버리면 섬은 더 이상 자유의 망명지가 아니라 탈주 불가능의 감옥이 되어 버린다. 섬에는 축복받은 사람들도 살고, 저주받은 사람들도 산다.

마음도 마찬가지다.

돌아올 차표 사는 걸 잊어버리면 현실 도피는 불행이다. 심리학자들은 이런 맥락에서 분열성 인격 장애를 설명한다. 분열 증세가 있는 사람은 자기만의 영역을 지키려 애쓴다. 타인의 감정을 차단하고 자신의 감정을 억누른다. 소설 『섬을 사랑한 남자』에서 D. H. 로렌스는, 한 남자가 인간에 대한 혐오감 때문에 점점 더 작고 초라한 섬을 찾아 도망 다니다가 결국 마지막 바위섬에서 쓸쓸히 죽음을 기다리기까지의 과정을 묘사했다. "온전히 홀로 있고, 공간이 서서히 내면으로 들어오고 있다는 느낌을 받을 때만 그는 만족감을 느꼈다. 발 아래 잿빛 바다, 파도에 씻기는 섬. 그를 스치는 것이라곤 그것밖엔 없었다. 하물며 혐오스런 인간의 흔적 따위야. 자욱한 안개, 불투명한 시야, 바다로 둘러싸인 공간, 그것뿐. 영혼의 일용할 양식."

"이 땅에 나 홀로 남았구나." 만년의 루소는 이렇게 한 탄했다. "형제도, 이웃도, 친구도 없으니 만날 사람이 나밖에 없구나." 대화가 없는 사람은 공통의 언어를 잊어버린다. 그의 괴팍함은 주위 사람들을 불안하게 하고 거부감을 준다. 결국 편집증적 망상 증세가 나타나는데, 이 증세는 해괴한 중얼거림과 심각한 환상으로 표출된다. "광막한 사막의 콘크리트 요새. 수년간의 양식이 비축된 중무장 철옹성. 내다볼 구멍도 없이, 나는 여기 혼자 산다." 정신분열증 환자의 전형적인 꿈이다.

⚜

꿈 이야기를 하다 보니 나와 생일이 같은 그 남자가 생각난다. 로빈슨 크루소! 그가 목숨을 건지고 맨 처음 한 일은 방책 만들기였다. "이 울타리는 어떤 사람이나 짐승도 부수고 넘을 수 없을 만큼 견고했다. 출입구는 문이 아니라 짧은 사다리였다. 타고 울타리를 넘은 다음, 안에서는 사다리를 끄집어 올렸다. 이러구러 세상으로부터 안전하다고 믿었기에 발 뻗고 편히 잘 수 있었다."

다니엘 디포의 소설 『로빈슨 크루소』는 1719년에 출간되었다. 이 소설은 실화를 바탕으로 쓰여졌다(삭제판 어린이용 『로빈슨 크루소』와 혼동하지 말 것). 스코틀랜드 선장 알렉산더 셀커크는 태평양의 후안 페르난데스 섬 — 이 섬은 루소의 소설 『율리에』와도 관계가 있다 — 에서 5년 동안 혼자 살다가 1709년에 구조되었다. 글재주도 신통찮고 작가

정신도 변변찮은 작가라면 이런 소재로 천박한 통속소설이나 썼을 것이다. 하지만 디포 소설의 독창성과 천재성은 무엇보다 주인공의 내적 성장을 묘사한 데 있다. '유형지'가 로빈슨 크루소에게는 영적 구원의 장소가 된다. 여기서 그는 신과 자신에게 돌아가는 길을 찾는다. 자연은 야만스런 가면을 벗고 사랑스런 어머니의 모습으로 다가온다.

그러니 루소가 『로빈슨 크루소』에 열광한 것도 그리 놀랄 일은 아니다. 루소가 '모델'로 설정했던 학동, 에밀이라면 애당초 책도 읽지 말고 자랐어야 한다. 그런데 루소도 **딱 한 권** 『로빈슨 크루소』는 예외로 인정했는데, 그건 교육적인 가치 때문이었다. "선입견에서 벗어나 사물의 올바른 상태를 판단하는 가장 확실한 방법은, 모든 문제를 고립된 사람의 입장에서 헤아리는 것이다. 그는 자신의 절박한 필요에 따라 판단할 수밖에 없다." 또 하나, 루소는 난파당한 이 사람에게서 자신의 모습을 보았다. 자신도 사회에서 축출당한 느낌이었다. 그래서 포근한 자연의 품에서 행복을 찾았다. 순박한 식인종 프라이데이가 로빈슨의 친구로 등장하듯이 루소의 마음속에는 하녀 테레스가 자리하고 있었다. 배운 건 없어도 정직하고 신실한 영혼의 소유자였다. 더구나 루소는 주인공의 외모를 그대로 본떠 카프탄(길고 평퍼짐한 중동 지방의 웃옷 — 역자 주) 같은 옷에 털모자를 쓰고 다녔다. 그래도 염소 가죽을 뒤집어씌운 양산만은 들고 다니지 않았다.

로빈슨 크루소의 삶은 『섬을 사랑한 남자』의 주인공 미스터 캐스카트의 삶과 다르게 전개된다. 캐스카트란 인물이 점점 쪼그라들어 급기야 "공간"에 먹히고 마는 데 반해 로빈슨은 낙관주의자다. 난파된 지 며칠 후 자신의 처지를 곰곰이 되짚어 보던 로빈슨은 암담한 이 상황을 긍정적으로 받아들일 만한 이유를 생각해 냈다. 곤경도 그의 행동 의지를 꺾지 못했다. 그는 살아남기 위해 싸운다 — 냄비 속의 개구리처럼. 우선 살 집을 짓고, 동물들을 "가족"으로 삼고, 일과 휴식을 번갈아 가며 규칙적인 생활을 한다. 그리고 상황에 맞는 새로운 가치 체계를 만든다. 옛 로빈슨은 스스로 일컬은 이 "절망의 섬"에서 그저 불쌍한 포로에 지나지 않았다. 새 로빈슨은 자신에 대해 이렇게 말한다. "나는 이 모든 영역의 주인이었고, 마음만 먹었다면 나를 온 나라의 왕이자 황제라 칭할 수 있었다." 그렇다. 열심히 성서를 읽고 나니 배가 난파된 일쯤은 오히려 신의 섭리로 여겨졌다. 이런 생각으로 그는 환경의 악영향을 모면할 수 있었다. 재난을 축복으로 해석했을 뿐더러 실제로 그리되도록 하는 데도 성공한 것이다. 그는 섬을 개간하면서 더 훌륭하고 강한 새 자아를 형성해 간다. 비 온 뒤의 땅이 굳어지고 조청이 굳으면 강엿이 되는 법.

루소도 자신의 고독을 개간했다. 세상이 그를 이해하려 들지 않은 걸까? 사람들이 그를 비방한 걸까? 그를 웃음거리로 만든 걸까? 어쨌거나 좋다. 그렇다면 루소 스스로 입장을 표명해야 할 것이다. 시들지 않는, 거룩한 열정으로. 루소만큼 쉽게 세인들의 입에 오르내린 철학자도 없었다. 시시포스가 돌을 밀고 올라가듯 루소도 스스로를 이해하려고 애썼고 또 남들에게 자신을 이해시키려고도 해 보았다.

육체의 고통은 원래의 건강 상태를 회복함으로써 치유될 수 있다. 잘만 하면 애당초 아무 일 없었던 듯 느껴지기도 한다. 정신의 위기는 두 가지 방법으로 치유된다. 단정한 상태로 되돌리는 후퇴의 길과 **병을 뚫고 나와** 새로운 자아에 이르는 전진의 길. 로빈슨처럼 루소도 도무지 믿기 어려운 일을 해냈다. 그는 고립을 받아들이고 고립에 의미를 부여함으로써 고립을 이겨 냈다. 그는 사회를 지향하는 대신 — 그랬다면 후퇴였을 것이다 — 초월을 지향하면서, 즉 자신의 작품에 시대를 넘어서는 타당성을 불어넣음으로써 고립을 극복했다.

루소는 페터 섬에서 식물 각 부분을 자세히 기술하기 위해 그것들을 돋보기로 들여다보았다. 그리고 『고백록』에서는 자신을 면밀히 관찰했다. "나는 나 같은 사람들에게 한 사람의 극히 자연스런 모습을 보여 주려고 한다. 그 사람이 바로 나다. 오직 나."

"오직 나"란 말에는, 섬에서 로빈슨을 스스로 왕이게끔 했던 바로 그 자부심이 숨어 있다. 남에게 인정받는 일 따위에 아랑곳하지 않는 그런 자부심이다. 탁월한 업적을 쌓

아서 생기는 자부심이 아니다. "오직 나"란 이 말은 엄청
난 실존주의적 저항이다. 그 힘이 루소로 하여금 놀라운
작품을 쓸 수 있게 했고, 오랜 세월 독자들의 마음을 늘
새롭게 사로잡은 원동력이다.

⚜

끝으로 한마디. 오늘날 심적 문제를 해결하려고 공동체나
'동아리'에 따뜻한 둥지를 트는 일이 흔히 있다. 터놓고
하는 대화는 건강하다. 침묵은 영혼의 폐색이고, 고집스런
침묵은 병으로 치부된다. 많은 경우, 자신의 생각을 털어
놓음으로써 고통을 줄이고 치유 효과를 얻기도 한다. 그러
나 또 다른 길이 있다. 인간이 사회적 존재인 **것**만은 아니
다. 인간관계가 만병통치약도 아니다. 옛날에는 진정한 행
복의 열쇠가 신과 인간 사이의 관계에 있다는 사실에 다들
동의했다.

　유물론과 정신분석학이 이런 미신의 가면을 벗겨 버렸
다. 그러나 종교가 한물 갔다고 한 프로이트와 마르크스가
혹시 틀린 건 아닐까 하는 의심이 20세기 말에 와서 점점
짙어졌다. 빵과 섹스가 전부는 아니다. 인간은 그 이상의
것을 바라고 그 이상의 것을 해낼 수 있다. 인간 내면에는
여럿이서보다 혼자서 더 큰 일을 이룰 수 있는 잠재력이
있다. 이런 엄청난 힘은 그러나, 인간이 고독 속에서 우주
의 침묵에 자신을 드러낸 채 영원을 끌어안을 때 비로소
터져 나온다. 부처, 예수, 사막의 은수자, 루소, 니체, 비

트겐슈타인, 그리고 그 외에 수많은 다른 사람들이 그걸 보여 주었다. 병적으로 세상을 등지거나 아무런 의미 없이 혼자 막사는 사람도 물론 있을 것이다. 하지만 고독 속으로의 탐험 여행을 끝내고 귀환하는 길에 모두를 위한 영적 보물을 한아름 가져오는 사람도 분명히 있다. 그것이 그저 유쾌한 얼굴 위에 스치는 한 줄기 기적의 빛일지라도.

이건 어디까지나 내 생각이다. 어느 섬사람의 생각이다.

더 알고 싶은 분들께는 완판 『로빈슨 크루소』와 루소의 『에밀』을 권한다.

6

시민의 용기

혹은

인 간 에 게 얼 마 만 큼 의
용 기 를 기 대 할 수 있 을 까

삶의 의욕을 잃더라도 반드시 용기는 가져라!

· 아델베르트 폰 하밋소

몇 해 동안 나는 칼 야스퍼스가 엄한 눈길로 내려다보는 곳에서 교사로 일한 적이 있다. 올덴부르크의 유서 깊은 김나지움 강당에 걸려 있는 그의 초상화는 위엄에 넘쳤다. 철학자의 초상화 맞은편에는 신학자 루돌프 불트만의 사진이 걸려 있었다. 불트만 또한 유쾌한 분위기를 자아내는 사람은 아니었다. 따라서 이 강당에서 철학 시험을 본 내 학생들은, 한꺼번에 세 호랑이 선생님들에게 감독을 받았던 것이다.

1901년 당시 학생이었던 야스퍼스는 바로 이 강당에서 졸업 연설을 해야 했다. 그것도 관례대로 키케로의 언어로. 말하자면 이 라틴어 연설은 강당을 가득 메운 학부모들 앞에서 펼쳐지는 인문 교육의 한바탕 큰 잔치였다. 그러나 야스퍼스는 "우리는 연설할 수 있을 만큼 능통한 라틴어를 배우지 못했으며 이렇게 인위적으로 준비한 연설은 청중을 기만하는 것이다"라는 이유를 대며 라틴어 연설을 거부했다.

사실 야스퍼스에게 졸업 연설을 맡긴 것 자체부터가 좀 이상했다. 야스퍼스는 수석 졸업생이었지만 고집불통에 괴짜로 통했다. 교장 선생님하고도 개인적으로 사이가 좋지 않았다. 동급생들이 국수주의적인 조직을 만들어 활동할 때도 그는 보란 듯이 멀찍이 떨어져 자신의 입장을 밝혔다. "나는 아무 조직에도 가담하지 않았고 가입할 생각도 없어."

1901년, 때는 바야흐로 독일 만세를 외치는 애국주의의 시대였다. 중국에서는 독일 빌헬름 황제의 군대가 의화단을 진압하고 서남 아프리카에서는 "충용스런" 독일인들이 헤레로 족과 호텐토트 족을 대량학살했다. 본토는 열광했다. 세계의 초강대국이었다. 군사 문화가 대단한 유행을 탔다. 학교도 예외가 아니었다.

개중에는 당연히, 엄격한 규율을 즐기는 학생들이 있었다. 『신하』라는 소설에서 하인리히 만은 신하 디더리히 헤슬링을 이렇게 묘사하고 있다. "디더리히는 개성이 결여된 전체, 저 무자비하고 인간을 경멸하며 기계 조직 같은 학교에 소속되어 있다는 사실을 다행으로 여기고, 자신이 직접 관여하는 이 권력에 대해, 고통스러울지라도 자부심을 느끼는 그런 인간이었다. 담임 교사 생일에는 교탁과 칠판에 화환이 걸려 있었다. 디더리히는 한술 더 떠 회초리에도 손잡이를 감아 놓았다."

야스퍼스는 다르게 자랐다. 그의 이상형은 반순응주의자였던 아버지였다. 은행장, 사냥광에다 아마추어 수채화가였던 아버지는 "나는 상관을 용납하지 못한다"라는 신조를 가지고 있었다. 철학자 야스퍼스는 어린 시절의 집안 분위기에 대해 이런 말을 한 적이 있다. "교회나 어떤 객관적인 권위에 의거하지 않더라도, 부정직은 제일로 나쁜 짓이었다. 그리고 이보다 더 나쁜 짓은 맹목적 복종이었다. 이 두 가지는 절대로 해서는 안 된다! 그래서 아버지께서는 나의 반항을 한없이 참아 주셨다. 내가 항변하면 아버지는 명령을 하시는 것이 아니라 당신 말씀이 왜 합리적인지 그 이유를 설명하셨다."

이런 좌우명을 가지고 사는 그가 빌헬름 2세 치하의 독일에서 모나게 보인 것은 자명한 일이다. 또래 사이에서도 마찬가지였다. "그때 나는 급우들한테도 따돌림 당했다. 걔들은 교장 선생님 편이었다. 견해 차이가 있을 때마다 나는 늘 훼방꾼이었고, 밖으로만 도는 아웃사이더였다."

용기의 면면들은 다양하다. 법정에 선 소크라테스, 테녹티틀란(멕시코 인디언 아즈테크의 수도 — 역자 주)을 정복한 코르테스, 마라의 욕조에서 만나는 샬롯 코르데(프랑스 자코뱅 당의 지도자 장 폴 마라를 욕조에서 칼로 찔러 살해한 지롱드 당의 열렬한 지지자 — 역자 주), 알브레히트 뒤러의 동판화 「기사, 죽음, 악마」, 분노의 그라프 폰 갈렌(편지와 강론을 통해 나치의 만행을 서슴없이 고발한 클레멘스 아우구스트 그라프 폰 갈렌 주교 — 역자 주). 그리고 숱한 이름 모를 남자, 여자, 아이들.

용기의 전형은 고대에 있다. 헤로도투스가 전하기를, 레오니다스 왕 휘하의 한 줌도 못되는 스파르타 병사들이 페르시아의 대군에 맞서 테르모필렌 협곡을 방어하고 있었다. 페르시아 왕 크세르크세스는 전령을 보냈다. "무기를 넘겨라!" — "와서 가져가라!" — "화살이 하늘을 덮으리라." — "더 좋지! 그럼 그늘에서 싸우겠구먼." 7월의 그리스 날씨로 봐서 그늘에서 싸우면 정말 유리하다.

레오니다스 왕과 그의 병사들은 그늘에서 싸우다 그늘에서 전사했다. 300명의 스파르타 병사들이 사흘 만에 전멸했고, 남아 있던 사람들까지 모두 학살당했다. 그러나 페르시아 군의 손실은 그보다 몇 배나 더 많았다. 결국 이 사흘간의 전투가 그리스를 지켰다. 레오니다스 왕이 없었더라면 소크라테스는 노예로 태어났을 것이다. 훗날 그리스 사람들은 당시의 영웅들을 기리는 기념비를 세웠다. "이곳을 지나는 사람들아, 그대가 스파르타로 가거든 법이 명한 대로 스러져 간 우리를 예서 보았다 전하라."

용기는 복종과 짝을 이루어 어느 시대에나 권력자들의 환심을 샀으며, 교과서에도 단골로 등장했다. 복종심 없는 용감성은 언제나 수상쩍다. 혁명가에게도 냉정은 필요하고, 베르제르커(북구 설화에서 곰가죽을 덮어쓰고 싸우는 광폭한 전사 — 역자 주)도 죽음을 무서워하지 않으며, 범죄자도 위험을 마다하지 않는다. 1799년의 『문학연감』에 이르기를: "이슬람의 용병도 용기는 있으되, 복종은 그리스도인의 보석이니라."

희한하게도 복종은 한번도 기본 덕목에 속해 본 적이 없다. 고대의 사주덕(정의·용기·지혜·절제)에도 속하지 않고, 그리스도교의 덕목(믿음·사랑·소망)에도 속하지 않는다. 그러나 아동 교육과 군대와 교회에서는 복종이 핵심적 위치를 차지한다. 아담의 죄는 병적인 군것질이 아니라 불복종이었다. 군사 훈련의 목적은 — 어떤 말로 그럴싸하게 포장하든 간에 — 유사시 정언 명법을 떠올리지 않고도 매끄럽게 작동하는, 손질 잘된 전투 기계를 양성하는 것이다. 19세기의 영향력 있는 교육학자였던 프리드리히 A. W. 디스터벡은 복종을 "어린이의 기본 덕목"으로 치켜세웠다.

야스퍼스는 혁명가도 아니고 범죄자도 아니었다. 만성 폐질환 때문에 군인도 될 수 없었다. 불복종을 무법 상태로 해석할 필요는 없다. 내면의 명령에 귀 기울일 수도 있다. 헤로도투스와 같은 시대에 살았던 비극작가 소포클레스가 이에 대한 전형적인 예다.

지베와 테베 간의 전쟁에서 오이디푸스의 두 아들이 모두 전사했다. 에테오클레스는 도시국가 편이었고, 폴리네이케스는 반란군 편이었다. 그런데 에테오클레스는 온갖 예를 갖춰 장례를 치러 줬지만, 폴리네이케스의 시체는 그냥 들에다 버려 "무덤도 세우지 않고 애도의 눈물도 없이 새들의 달콤한 먹이가" 되게 했다. 그것도 모자라 시신을 거두어 주는 사람은 돌로 쳐 죽이겠다고 선포했다.

누이 안테고네가 이 금기를 깨뜨렸다. 결국 그녀는 붙잡혀 클레온 왕의 심문을 받았다.

"금한다는 사자使者의 소리를 듣지 못하였느냐?"

"물론 들었사옵니다. 어찌 듣지 못하겠사옵니까? 어찌나 크게 소리를 지르는지."

"그런데 그 소리를 듣고서도 부끄러운 줄 모르고 법을 어겼단 말이냐?"

"하오나 전갈을 보낸 분은 제우스가 아니었사옵니다."

인간의 법률과 신의 계명 간의 갈등은 예나 이제나 늘 불거지게 마련이다. 국법과 자연법. 국시國是와 양심의 소리. 이상주의와 현실 정치. 레오니다스는 조국을 **위해** 자신을 희생했다. 안티고네는 자신의 향도 테베에 **맞서** 이상을 위해 자신을 희생했다. 이상? 경건함? 인도주의? 아니다. 안티고네는 한 점 부끄럼 없는 삶을 위해 죽었다. 거리낌 없는 양심을 위해 죽었다. 더러운 손으로 사느니 차라리 죽는 편이 낫다고 생각했다.

❖

1924년, 야스퍼스는 하이델베르크 대학 철학과 정교수였다. 히틀러는 란츠베르크 요새에서 『나의 투쟁』이란 책을 구술한다. 야스퍼스는 쿠데타에 실패한 이 히틀러라는 작자의 이름조차 들어 보지 못했던 것 같다. 히틀러가 권력을 잡기 전까지는 나치를 그저 웃기는 허깨비 정도로밖엔 여기지 않았으리라. 그에게는 다른 걱정이 있었다.

한번은 굼벨이란 전임강사가 평화주의자들이 개최한 행사에서 연설을 했다. 그는 1차 세계 대전에서 죽은 사람들을 기억하며 그들이 "이야기하고 싶진 않지만 ― 명예롭지 못한 전장에서 전사했고 잔혹하게 목숨을 잃었다"고 말했다. 이 말만으로도 징계감이었다. 야스퍼스도 진상 조사위원회의 일원이었다. 대학 당국은 굼벨의 강의 자격을 박탈한다는 결정을 내렸다. 그러나 국수주의자들의 강한 압력

속에서도 야스퍼스는 혼자 소신을 굽히지 않고 다음과 같은 소견서를 제출했다. "굼벨의 발언은 결코 전사자들의 명예를 훼손하지 않았다. 따라서 사안을 재검토한 후 굼벨이 계속 강의를 할 수 있도록 허락해야 한다."

야스퍼스의 친구 쿠르티우스가 말하듯 그는 "대학의 살아 있는 양심"이었다. 양심은 언제나 우리의 행위 바깥에, 우리의 행위 **위에** 있다. 야스퍼스도 그랬다. 그는 익숙한 제도권 학문의 길에서 멀찌감치 떨어져 양심의 철학을 몸소 행했다. 우리 행위의 대부분은 충동이나 목표에 의해 조종된다. 그러나 가끔은 '무조건', 우리 양심의 소리에 따라 행동한다. 야스퍼스는 말한다. "이 세상에서 무조건적인 행동을 하는 것은 내가 세상을 **떠났다가** 다시 세상으로 **돌아올 때만** 가능하다." 삶 자체를 관조하고 평가할 수 있으려면 자신의 삶 밖으로 나와서 생각해야 한다. 무조건적인 것의 요구를 따르려면 그전에 한번쯤 죽음의 침묵에 귀 기울여 보아야 한다.

야스퍼스는 소년 시절에 무척 심한 병을 앓았다. 그래서 스스로 생활을 절제하고 훌륭한 의사를 만난 덕분에 그나마 살 수 있었다. 그는 철학에 헌신하기 전에 의학을 공부하고 정신과 의사로 일을 한 적이 있었으므로 죽음의 고통과 광기가 어떤 것인지 잘 알고 있었다.

1933년, 광기와 죽음이 평화스런 하이델베르크 학계로 몰려오고 있었다. 부인이 유대인이었지만 야스퍼스가 국제적인 명성을 지닌 학자라는 이유 때문에 강의도 몇 년 더 할 수 있었고 책도 출간할 수 있었다. 그러나 1938년에는 강의와 출판이 모두 금지되었다. 해외 이주 시기도 이미 놓쳐 버렸다. 부인 게르트루트에게는 여행 허가서도 발급되지 않았다. 야스퍼스 부부는 만일의 사태에 대비해 청산가리를 준비해 두었다. 실제로 야스퍼스 부인이 가스실로 이송될 날은 1945년 4월 14일로 정해져 있었다. 그 보름 전 하이델베르크는 미군에 의해 수복되었다.

⚜

전쟁이 끝난 뒤 대부분의 독일인들은 제 잘못이 아니라고 발뺌하기에 급급했다. 그러나 야스퍼스는 살아남은 자의 상처에 시달리며 괴로워했다. "살아남은 우리는 죽음을 찾지 않았다. 유대인 친구들이 끌려갈 때 거리에 나가지 않았고 우리를 죽일 때까지는 외치지 않았다. 우리의 죽음이 아무런 도움이 되지 못할 거라는, 틀린 건 아니지만 근거 희박한 이유를 대면서 살아남는 쪽을 택했다. 살아 있다는 게 우리의 죄다."

야스퍼스는 진실을 추구한다는 이상에 충실했다. 하이데거나 대부분의 동료 교수들과는 달리, 그는 먼저 자신의 잘못이 무엇인지 반성했다. 이런 점 때문에 그는 새로운 독일의 상징이 되었지만 그 때문에 (또다시!) 아웃사이더가 되고 말았다. 1948년, 그는 바젤 대학 교수로 초빙되어 그리로 가기로 결심했다. 그의 나이 어언 65세였다. 독일은 그를 "배신자"로 성토하며 격분하는 분위기였다. 칼 야스퍼스는 2년 동안 스위스 국적을 취득해 살다가 1969년 세상을 떠났다.

시민의 용기는 여러 얼굴을 가졌다. 폴란드의 개혁교육가 야누스 코르작은 트리블랑카 수용소에서 자신이 맡아 기르던 고아들과 운명을 함께했다. 게오르크 엘스너라는 목수는 뮌헨 뷰르거브로이 양조장 지하 창고에 폭발물을 설치해 히틀러를 암살하려다가 우발적인 사고로 실패하고 말았다. 엘스너는 종전 직전에 처형되었다. 성인의 길, 고독한 암살자의 길, 바로 그것이었다. 철학자 야스퍼스의 길은 이보다 영웅적인 면이 덜하다. 그는 진실이 무엇인지 통찰하고 있었지만 마지막 결단을 내리지는 못했다. 1937년에도 그는 강의를 할 수 있었으며 체포되지 않았다.

학창 시절부터 야스퍼스는 신상에 위험을 초래하지 않도록 저항의 강도를 조절했다. 그는 학교에서 쫓겨날 정도로까지 상황을 몰고 간 적이 한 번도 없었다. 결정적인 순간마다 그는 이런 생각을 하며 옆길로 빠졌다. "사람이 모든 일을 할 수야 없지."

야스퍼스는 정도正道에서 벗어났던 자신의 행동을 심히 자책했다. "무조건적 요구에 순종했기에 목숨을 버려야 했던 역사 속의 몇몇 사람들, 그들이 이 길을 걸었다. 변절이 모든 것을 파괴하고 변절로 부지한 목숨마저 독살당하는 곳에서도, 영원한 존재에 대한 배신이 살아남은 삶마저 비참하게 만드는 곳에서도 그들은 굳게 절개를 지켰다.”

야스퍼스는 자신의 좌절을 의식하면서 마지막 시험을 통과한 저 철학자들을 되돌아보았다. 소크라테스, 토마스 모어, 세네카, 보에티우스, 조르다노 브루노, 그리고 “세상의 신앙 공동체에 속하지 않고 신 앞에 홀로 서서 ‘철학하는 것은 죽는 법을 배우는 것’”이라는 말을 실천한 전설적인 영웅들이 그 자리에 있었다.

철학하는 것은 죽는 법을 배우는 것이다. 참 오래된 말이다. 몽테뉴는 이에 대해 에세이를 썼고 키케로도 이 말을 인용했다. 수백 년이 흐르면서 이 말은 철학적 상투어가 되어 버렸다. 소크라테스의 감탄처럼 진부하고 동굴의 비유처럼 공허하다. 홀로코스트 이후 이 말의 의미는 완전히 빗나가고 말았다. 죽음의 신이 나치 제복을 입고 와도 아무렇지 않게 고개 숙여 인사해야 되는가? 서가에서 뽑은 철학이란 이름의 신경 안정제. 아, 그래서는 안 된다.

아우슈비츠 이후 철학한다는 것은 어쩌면 싸우는 법을 배우는 것일지도 모른다. 그리고 싸움이 승산 없어 보일 때는 지는 법을 배우는 것이리라. 왜냐 하면 지는 것도 하나의 기술이기 때문이다. “보이지 않는 좌절에 결국 녹초가 되든, 좌절을 적나라하게 직시하면서 이를 현존재의 지속적인 한계로 느끼든, 환각제와 신경 안정제를 먹든, 불확실성 앞에 침묵하며 순순히 좌절을 받아들이든, 좌절을 어떻게 경험하느냐 하는 것은 인간에게 결정적인 문제다.

좌절을 경험하는 방식이 그 사람의 됨됨이를 결정한다.”

학생들은 유구한 전통에 빛나는 이 김나지움에서 열심히 철학 시험을 치렀다. 주제는 “시민의 용기”였다. 칼 야스퍼스가 학생들을 준엄한 눈빛으로 내려다보았고 나는 감상에 젖어 그를 바라보았다. 야스퍼스는 위대한 영웅이 아니었지만 그렇다고 영웅 행세를 한 적도 없었다. 다만 남들이 꼬리를 내릴 때 꿋꿋이 줏대를 지킨 적이 잦았을 뿐. 내가 그 입장이었다면 어떻게 했을까?

거의 모든 학생들이 시민의 용기에 **찬동하는** 답안을 써냈는데 단 한 명의 투덜이가 맹목적인 복종을 옹호했다.

더 알고 싶은 분들께는 칼 야스퍼스의 『철학 입문』(윤성범 옮김, 을유문화사 1987)을 권한다. 이 철학자의 자의적인 글쓰기에 너무 주눅 들지 말 것. 읽다 보면 그런대로 익숙해진다.

7

노동

혹은

시 시 포 스 와 현 자 의 돌

새가 날기 위해 태어났듯 인간은 노동하기 위해 태어났다.

· 마르틴 루터

전부터 나는 노동에 대해 이중적인 태도를 취해 왔다. 이런 '분열증'은 나도 대부분의 사람과 공유하는 바다. 일 안 하고 살 수도 없지만 때로는 확 때려치우고 싶은 게 일이기도 하다. 일에 신나게 빠지기도 하지만, 일 때문에 피가 마르기도 한다. 일은 복지와 발전을 보장해 주지만 매일 아침 6시 20분 요란한 시계 소리와 함께 단꿈을 억지로 깨우기도 한다. 간 큰 사람이라면 시계를 던져 버리고 새 잠을 청할 것이다. 태초에 무위無爲가 있었다. 그런데 하느님의 분노가 땀 흘리는 일로 우리를 벌하셨다 한다.

강제 노동자의 원형은 시시포스다. 그리스 신화에서 그는 죄값으로 거대한 바위를 산 위로 밀고 올라가야 하는 죄인이었다. 꼭대기에 닿으려고만 하면 바위는 우렛소리를 내며 다시 계곡으로 굴러 떨어진다. 그리곤 이 끔찍한 중노동이 처음부터 다시 시작된다. 영원히. 철학자 까뮈는 이 신화를 이렇게 해석했다. "현대인은 평생 똑같은 조건에서 일한다. 이들의 운명도 부조리하기는 매한가지다." 과연 나날의 노동이 전부 시시포스의 산일까 — 돌과 서류 더미와 설거지 그릇들로 이루어진 산맥일까? 조금이라도 합리적인 사람이라면 이런 삶의 무의미를 빤히 보면서도 굳이 똑같은 짓을 되풀이할 필요가 있을까?

까뮈는 부정한다. 까뮈에게 시시포스는 "부조리의 영웅"이다. 자신의 벌을 긍정하고 벌과 융화함으로써 벌을 극복하는 사람이다. "돌덩이에 코를 처박고 뼈빠지게 일하는 얼굴 그 자체가 이미 돌이다! 나는 이 남자가 무겁지만 한결같은 걸음으로 끝 모를 고통을 향해 내려가는 모습을 본다. … 그는 바위보다 강하다. … 산꼭대기와의 투쟁으로 한 인간의 마음이 충만할 수 있다. 우리는 시시포스를 행복한 사람이라고 생각하지 않을 수 없다.”

벌이 행복이라? 평범하고도 부조리한 말.

나는 한 개신교 마을에서, 그러니까 철저히 부조리한 마을에서 자랐다. 시시포스는 트랙터를 몰았다. 노동은 종교적 계명이자 영혼의 중독이었다. 시간 낭비는 곧 시간의 오용이었고 양심의 가책을 불러일으켰다. 저녁이면 성실한 사람의 몸에서는 땀냄새가 났으며, 손발의 굳은살은 만사의 면죄부였다. 게으름은 모든 악덕의 출발점이자 광기의 탄생지였다. 나는 귀 따갑게 들었다. “또 잡생각하지! 일해! 그러면 잡생각도 달아나!” 나는 속으로 대꾸했다. “일한다고 뭐 **현명한** 생각을 하는 것도 아니잖아요!”

어쨌거나 일은 삶에 막대한 영향을 끼쳐서 더러 노동에 대한 철학적 사유를 생산하기도 했다.

⚜

우리는 노동을 저주라 여기면서도 노동의 산물만큼은 달콤해한다. 노동이 없었다면 우리는 아직도 나무 위에 벌거벗고 앉아서 하루하루 근근이 살고 있을 것이다. 불을 지피고 돌도끼를 만든 남자들, 그물을 짜고 열매를 따던 여자들이 노동의 첫 영웅이었다. 그들은 나름대로의 노하우와

울력으로 간단한 연장과 먹거리를 생산했다. 물론 의도한
건 아니었지만, 그러면서 그들은 유인원에서 호모 파베르
(도구적 인간)로 세련되어 갔다. 현대인은 선조들의 노동이
낳은 산물이기도 하다.

노동으로 인해 우리는 안락한 보완 장치를 갖춘 제2의
천성을 가진다. 바람과 도둑을 막는 집, 나를 졸부의 위험
에서 구할 소형차, 일하기 싫도록 만드는 컴퓨터 게임. 냉
장고에 음식이 가득 차기까지 얼마나 많은 농민, 축산업
자, 공장 노동자, 화물차 운전사, 상인들이 수고했을까?
나는 가끔 묻는다. 내가 싸구려 냉동 피자 한 판을 사기까
지 얼마나 많은 사람들이 함께 공력을 들여야 할까? 옥수
수를 길러 돼지를 먹이고, 그 돼지고기로 소시지를 만들
고, 원유를 생산하여 비닐랩을 만들고, 나무를 베어 종이
상자를 만들기까지!

문화 노동의 열매도 잊지 말 것. 라디오에서 흐르는 피
아노 선율이 새 소리처럼 경쾌하다. 하지만 멋모르고 건반
을 두드리는 아이가 호로비츠처럼 되려면 다년간 뼈를 깎
는 노동을 감수해야 한다. 방송국에서는 프로듀서와 음향
기사들이 노동한다. 그리고 필경 익숙한 손놀림으로 내 라
디오를 조립했을 어느 이름 모를 아시아 여인.

서재에 널린 각종 출판사의 책들은? 저자는 제쳐 두고라
도 출판사 편집인, 인쇄소, 도매상, 서점 등을 상상해 보
라. 그런데 잠깐! 왜 저자는 빼고 넘어가려는 거지? 지금

이 텍스트를 쓰는 것도 노동이다. 말마디 하나하나가 피와
땀과 커피의 정수이고, 표현 하나하나가 염전 같은 컴퓨터
화면을 힘들여 탐험한 결과다. 글쓰기는 — 가끔씩 오르가
즘을 느낄 때도 있지만 — 말도 못하게 힘든 노작이다.
암, 그렇고 말고.

⚜

프란츠 카프카를 증인으로 부르자. 1914년 12월 2일자 일
기: "무조건 일을 해야 한다. 그런데 오늘은 피곤하고 머
리도 아파서 잘 안 된다. 우울하다. 오전에 사무실에서도
조금씩 두통을 느꼈다. 무조건 일을 계속해야 한다. 그래
야 한다. 불면증을 무릅쓰고, 사무실에서라도." 12월 8일:
"오랜만에 확연히 일이 잘되는 듯. 이런 느낌 어제가 처음
이다." 12월 14일: "끔찍하게 일이 지지부진하다 ⋯."

카프카가 말하는 "일"은 글쓰기다. 그가 산재 보험 공단
에서 월급 받고 하는 일은 "사무실"이란 말 뒤에 숨어 있
다. "사무실"은 "일"이 아니다. 정반대다. "일"에 대한 사
보타주다. "내 마음속에는 글 쓸 준비가 다 되어 있다. 그
일이야말로 내게는 궁극의 해법이자 나를 진정으로 살아
생동하게 하는 것일 터이다. 그 행복을 누릴 수 있는 내
육체를 여기 사무실에서 끔찍한 서류 나부랭이 때문에 강
탈당해야 하다니." 이 사실에 카프카는 절망한다.

카프카는 "사무실"과 "일"의 괴리 때문에 몹시 갈등하고
있었다. 어떤 식으로든 이런 갈등을 가진 사람은 많다. 한

편에는 회사와 직장과 사업이, 다른 한편에는 예술이든, 학문이든, 비둘기 사육이든, 교회 공동체에 봉사하는 일이든 원래 자기 소명이라 여기는 일, 자신만의 평생 과업이 있다.

이런 평생의 과업에서 중요한 건 뭘까?

가령 카프카는 밤의 상상 속에 떠올랐던 형상들을 붙잡아 이야기로 엮어 내고, 이런 식으로 자신의 가장 깊은 내면을 밖으로 표현하는 작업을 했다. 이 "일"은 내면의 다른 모든 욕구를 쫓아 버렸다. 사랑마저도. "일"이 삶의 내용이었고 삶의 유일한 표현이 되었다. 오늘날 우리가 프란츠 카프카를 이야기할 때 프라하의 보험 공단 직원을 떠올리지는 않는다. 그 대신 요셉 K., 그레고르 잠자, 혹은 "유형지"에서 "상관을 존경하라"는 규정을 위반했다는 이유로 유죄판결을 받은 저 익명의 피고를 생각하게 된다.

⚜

마그눔 오푸스magnum opus(위대한 일) — 연금술사들은 기적을 행하는 "현자賢者의 돌"lapis philosophorum 만들기를 이렇게 불렀다. 이 "돌"은 원질료prima materia를 비밀스런 방법으로 가공하여 만든다. "마그눔 오푸스"가 성공하려면 연금술사의 정신적 정화 작업도 함께 이루어져야 했다. 화로에서의 수작업과 영혼의 변모는 상호 불가분의 관계에 있었다. 실험자의 인격이 실험의 본질이었다. "현자의 돌"을 만들면서 연금술사는 내면의 완성도 이루었다.

창조적인 일을 하는 사람들은 이런 과정에 익숙하다. 그들은 자신의 일과 함께 성장하고 변모한다. 탈고된 원고, 완성된 그림, 완결된 교향악은 개인적 변모의 기록이다. 이런 의미에서 "일"은 자아발견, **자아실현**을 뜻한다.

연금술사들은 "현자의 돌" 만들기를 천지 창조와 비교하기도 했다. 분명, 카프카는 자기만의 환상적인 세계를 창조했다. 쇼펜하우어의 마그눔 오푸스, 『의지와 표상으로서의 세계』도 마찬가지다. 모두가 "위대한 일", 본연의 작업에 대한 예다.

그렇다면 이 모든 창조자들의 창조주는 어떨까? 하느님도 "일을 하나"? 우리가 아는 모든 사실을 종합하면 "그렇다"고 대답할 수밖에 없다. "하느님은 엿샛날까지 하시던 일을 모두 마치시고 이렛날에는 모든 일에서 손을 놓으시고 쉬셨다." 그렇게 쉬기까지 하느님은 건축가로, 원예가로, 조각가로, 외과 의사로, 풍기 단속 경찰로, 판사로 일하셨다. 사람들을 낙원에서 다 쫓아내고 나서야 일하기를 다소 자제하실 수 있었다.

⚜

하지만 하느님은 무엇 때문에 그런 수고를 하셨을까? 피조물의 불순종에 굳이 화를 낼 필요가 있었을까? 피조물 없는 창조주를 상상해 보자! 창조주는 과연 무엇을 했을까? 아마도 "자신에 대한 고요한 명상"에 빠져 몽롱해 있었을 거라고 셸링은 추측했다. 그 모든 천상 권능은 그대로 방

치되어 있었다. 아무 일도 일어나지 않았다. 시간조차도 흐르지 않았다. 그러다 무슨 일이 일어났는지 우리는 그저 추측할 수 있을 뿐이다. 정체성에 위기를 느낀 하느님이 혼자 중얼거렸다. "뭐라도 해야겠어. 내가 뭘 할 수 있는지 알고 싶거든." — 하느님 이후에도 그렇게 말한 사람들이 많았다.

하느님한테 이 일은 어느 건축가보다 쉬웠다. 왜? 공산품이란 모름지기 자연과 노동(목재와 목공소, 철광석과 제철소)이라는 두 요소로 이루어지는 법. 자연으로부터 원자재를 얻지 못하면 공중누각도 지을 수 없다. 하지만 원료는 가공되는 것을 싫어하게 마련이지. 고해석告解席이 되는 것을 좋아할 나무가 어디 있으랴. 나무를 필요한 형태로 바꾸려면 목수는 힘과 기술을 억지로 동원할 수밖에. 그러니 인간 노동의 산물은 기껏해야 타협이고 대개는 날림이다.

자연과 노동이 일체였던 경우는 하느님의 창조가 유일했다. 하느님의 피조물은 "생겨라" 하신 말씀과 함께 무無에서 생겨났다. 계획과 실행 사이에 어긋남이 없다. 창조는 하느님 본질의 명명백백한 표현이다.

몇몇 신학자들과 관념주의 철학자들의 말로는, 이것이야말로 물질이 존재한다는 사실에 대한 참된 근거가 된다. 하느님은 당신 자신을 알고 싶어 하셨다. 세상을 창조함으로써 하느님은 비로소 당신 안에 잠자고 있던 모든 가능성들을 알게 되었다. 세상은 하느님의 자기 현현顯現이다.

천재적인 예술가와 과학자, 미래 지향적인 기업가, 독창적인 철학자, 창의적인 요리사, 열정적인 정원사도 이와 유사한 동기를 가지고 일한다. 이들에게는 자신의 이상을 실현하고, 자신의 재능을 자유롭게 펼치는 것이 중요하다. 그들은 "위대한 일"을 통해 삶을 실현한다.

하지만 대중들에게는 일이 중요한 역할을 하지 못한다. 어느 정도까지는 그들도 일과 자신을 동일시한다. 그저 약간의 의욕과 약간의 의무감으로 일을 해치우고, 그러면서 밥벌이나 한다. 삶의 중심은 — 가족이나 헬스 클럽 같은 — 다른 곳에 있다. 사람들은 돈 때문에, 자기 재능과 능력의 쓸모에 대한 만족감 때문에, 직장이 보장하는 사회적 지위 때문에 일을 한다. 남들이 부과한 일을 얼마 동안은 자기 일로 삼으면서도, 조금만 있으면 퇴근이지? 며칠만 참으면 주말이지? 하면서 자꾸 시계와 달력에 눈이 간다. 보통 그렇다.

그런데 개인사에 너무 소홀하다 보면 이 "보통"의 일도 고통이 된다. 그리되면 일은 족쇄요 중국식 물고문이다. 매일 한 방울씩 떨어져 삶을 파괴한다. 자기 일에서 개인적인 의미를 찾는 데 실패한 사람은 일 때문에 로봇으로, 기계 부속으로, 사물로 전락하고 만다.

일이 **품팔이**로 느껴지면 갑절로 불행하다. 기쁨은커녕 발병 난다. "위대한 일"은 자아발견으로 이어지지만, 품팔이는 자기소외로 이어진다. "위대한 일"은 자아를 실현시키고, 품팔이는 자아를 겁탈한다. 자아 실현에 일만큼 소중한 것이 있다면 그건 오직 사랑뿐이다. "위대한 일"이 숭고한 사랑과 맞먹는다면, 마지못해 택한 직업은 정략 결혼에 해당하고, 품팔이는 부정한 매춘과 다를 바 없다.

품팔이 신세를 면하게만 해 준다면 인사과장의 구두 밑창이라도 핥지. 이렇게 하는 사람은 정말 드물다. 실직이야말로 품팔이 신세보다 더 참담할 것이기 때문이다. 실직으로 인한 우울증의 원인은 경제적 타격과 사회적 지위의 상실과 짓밟힌 자존심이다.

백수 철학자 — 혹은 백수로 자신의 철학적 소양을 발견한 이에게 복 있을진저. "가장 욕심 없는 사람이 신에 가장 가까이 있다." 소크라테스는 진작 이 사실을 깨달았다. 대문 앞의 포르쉐 자동차도, 사회적인 위신도 현자에게는 별 볼일 없다. 한 인간의 가치는 그가 생산 공정이나 관리 체계상의 톱니바퀴로 매끄럽게 작동하느냐 마느냐에 달린 것이 아니다. 그렇다. 인간의 가치는 인간이 거대한 기계 장치로부터 자유로워질 수 있다는 데 터하고 있다 — 마치 카프카의 소설 『유형지에서』에 묘사된 특수 처형대의 톱니바퀴들처럼.

⚜

나는 대량 실직 사태의 비극을 비웃거나 찬양할 생각은 없다. 다만, 우리의 기를 살리기도 죽이기도 하는 것은 사태

자체가 아니라 사태에 대한 우리의 생각일 뿐이라는 철학적 상식 하나를 던져 주고 싶을 뿐이다. 지나치게 물질적이고, 지나치게 타인에 의해 결정된 어긋난 의식이 판을 치는 것도 실직을 불행으로 여기는 이유 가운데 하나다.

나보고 개혁안을 제시하라면: 노동부에 상근 철학자 한 명을 두고 "행복한 무위 — 지혜의 표징"이라는 주제로 강의를 하게 하자. 내가 이 강의를 맡는다면 철학자 파울 파이어아벤트의 회고록에 나오는 에피소드 하나를 소개하는 것으로 강의를 시작할 것이다.

"나는 가끔 엄마를 따라 미용실에 갔다. '커서 뭐가 되고 싶니?' 아줌마들이 물어보시면 나는 '정년 퇴직자요'라고 대답했다. 거기엔 이유가 있었다. 공원에 앉아 모래성을 쌓노라면 서류 가방을 든 아저씨들이 짜증 그득한 얼굴로 만원 전차 꽁무니를 쫓아가는 모습이 종종 눈에 띄었다. '저 사람들 뭐 하는 거예요?' 엄마한테 여쭈어 보았다. '일하러 가는 거란다.' 그러고는 어떤 할아버지가 벤치에 앉아 느긋이 햇볕을 즐기는 모습을 보았다. '그런데 왜 저 할아버지는 저기 앉아서 아무 일도 하지 않는 거예요?' '정년퇴직을 하셨겠지.' 그 뒤부터 내겐 정년 퇴직자의 삶이 굉장히 멋있어 보였다."

강의가 끝나면 수강자들과 함께 공원에 가서 오리한테 모이도 주고 구름도 볼 것이다. 이것이야말로 진짜 의미 있는 연수 교육 프로그램이 아닐까. '부교재'로는 미국 철학자 헨리 소로우의 책을 권하고 싶다. 그는 지독한 백수였고 타락한 우리 사회의 신랄한 비판가였다. "누군가 숲이 좋아 반나절 숲 속을 이리저리 산책하면 백수로 보이기 십상이다. 반대로 이 사람이 온종일 기업인으로 숲의 나무를 베어 민둥산으로 만들어 버리면 대단히 근면하고 의욕에 찬 시민으로 보인다." "종일 담 너머로 돌을 던졌다가 다시 이 돌을 주워 되던지는 일로 하루 일당을 벌라면 대부분의 사람들은 모욕감을 느낄 것이다. 하지만 지금 사람들이 하고 있는 짓들이 이보다 더 가치 있는 짓인가."

⚜

우리 사회에서 '고정직'은 수백 년간 교회의 몫이었던 기능을 넘겨받았다. 일이라는 물신物神을 잃어버린 사람은 교회로부터 파문당한 거나 흡사하다. 따돌림 당하고 내쫓긴 기분이다. 교회가 마치 신앙에 대한 독점권을 가지고 있기라도 한 듯하고 고정급을 받는 고정직 외에는 유익한 일이 없는 듯하다. 소로우는 말한다. "성실하고 가치로운 인간은 사회가 대가를 지불하든 말든 자신이 할 수 있는 일을 한다. 무능한 사람들은 최고 연봉을 제시하는 사람에게 자신의 무능력을 맡기고 끊임없이 한자리 차고앉기만을 바란다. … 나는 내가 가진 장자의 특전을 결코 이런 식으로 하잘것없는 것에 팔아넘기고 싶지 않다."

소로우는 임시직 측량 기사, 제화공, 교사 등으로 생계를 이었다. 1845년 여름, 그는 숲 속 호숫가에 외딴 오두

막을 짓고, 여기서 소박하고 자연스런 삶의 이상을 펴려 했지만 이 실험은 절반의 성공에 그쳤다. 은둔자 소로우는 2년 뒤 문명 세계로 돌아왔다. 소로우는 가끔 사막으로 은 둔한 예언자였지만 그의 본업은 설교가였다.

일이라는 금송아지에 맞서 외치는 소로우 같은 사람이 필요하다. 우리가 너무 쉽게 잊어버리는 것들:

● 실직은 오래 전부터 기차가 서지 않는 역 대합실에서 하릴없이 배회하는 쓸쓸함만을 의미하지는 않는다. 실직은 만원 전차 꽁무니를 쫓아 달리는 일에 대한 품위 있는 저 항이며, 가치로운 일에 헌신할 수 있는 자유다.

● 일은 삶의 물질적인 수준을 유지할 목적으로 결성된 동맹이나 다람쥐 쳇바퀴 속의 부조리한 활동 이상의 의미 를 지닌다. 일의 의미는 일 그 자체에 있고 인류 공영을 위한 것이다.

● 시시포스가 돌을 굴려 올리는 벌을 받았지만 계곡에 널린 각양각색의 바위 가운데 **시시포스에게만** 주어진 바 위는 단 하나뿐이었다. 이 돌을 끈질기게 밀고 올라가는 동안 시시포스는 "위대한 일"을 수행했고 "현자의 돌"을, 자기 자신을 완성시켰다.

더 알고 싶은 분들께는 소로우의 유명한 책 『월든』을 권한다.

8

진 화

혹은

여　행　은　어　디　로　?

나의 성장과 지금까지의 목표를 돌이켜 보건대, 불만도 없고 만족도 없다. 바지 주머니의 두 손, 탁자 위의 포도주, 나는 흔들의자에 앉은 듯 누운 듯 창 밖을 내다본다.

· 프란츠 카프카 『학술원 보고서』

나는 부엌 창문 너머로 "시티 헬스 클럽"을 보고 있다. 저녁 무렵 건물 주차장은 차들로 넘치고, 스포츠백을 든 젊은이들은 혼자 혹은 쌍쌍이 유리문 뒤로 춤추듯 사라진다. 확실히 장사가 꽤 되는 클럽이다. 어디 여기뿐이랴. 1998년 가을, 독일에는 헬스 클럽이 5,400개나 된다. 지속적인 신장세. 30년 전만 해도 어디 예측이나 할 수 있었나? 당시야 싯인(연좌농성), 티치인(성토대회), 러브인(히피들의 사랑 모임 — 역자 주)이나 하러 모였지. 하지만 단체로 헬스 클럽을 찾는 주민들? 장시간 러닝머신 위를 달리는 루디 두취케(독일 68세대 학생 운동의 상징적 인물 — 역자 주)? "건강, 건강, 즐거운 건강!"을 위해 쿠어퓌어스텐담(베를린 번화가 — 역자 주)에서 떼 지어 에어로빅? 어림 없는 소리! 당시 풍경에는 어울리지 않는다.

"적응했다" — "건강한"(fit)의 원래 뜻 — 라는 말은 68세대에게는 그야말로 욕이었다. 먹고살려고 세상에 순응한다는 생각은 반동적인 사상으로 여겨졌다. 그러니 누가 그 당시에 **다윈**에 대해 토론을 했겠는가? 여동생뻘인 혁명이 그토록 고혹적인 눈길을 보내고 있었는데 누가 **진화**에 대해 관심을 가지겠는가? 그렇다면 오늘은? 아직 살아 있는 몇몇 화석을 빼면 68세대는 완전히 사라졌다. 그들의 후계 자격인 환경운동가들도 "즐거운 헬스 당"에게 무참하게 밀리고, 아리송한 Y세대가 벌써 비집고 나올 틈을 엿보고 있다.

지금도 수천 년 전 생활양식을 그대로 유지하는 종족들도 있다는데, 우리 사회는 끊임없이 변하고 있다. '새것'이 가치 그 자체다. 경제와 과학은 목표를 향해 무한 질주를 계속한다. 마이크로칩이 변화의 속도를 정하는데 그 템포가 정말 눈부시다. 실험실에서 "첨단 돌파" 소식이 들려오지 않는 날이 없다. 도무지 못하는 게 없다.

우리는 어느새 속도에 열광하는 데 얼추 익숙해졌다. 하지만 이런 승리의 불꽃놀이는 거의 기적이나 다름없다. 이 놀라운 성취들이 네안데르탈인의 뇌와 별 차이 없는 뇌 덕분에 이루어졌다는 사실을 알면 더욱 그렇다.

기술의 진보와 비교컨대 생물학적 진화는 굼벵이에 불과하다. 200만 년 전 케냐의 투르카나 호숫가에 살았던 호모 루돌펜시스의 뇌 용량은 약 700cm³였다. 그로부터 190만 년 후, 호모 사피엔스 네안데르탈렌시스의 경우는 대략 1200~1750cm³ 정도였다. 지금 내 컴퓨터 앞에 앉아 있는 호모 사피엔스 필로소푸스(철학하는 인간: 저자)도 그보다 더 큰 뇌를 가졌다고는 말하기 어렵다. 진화는 수백만 년에 걸쳐 이루어진다. 십만 년 정도는 그저 눈 깜짝할 시간이다. 실은 이렇다 — 라스코의 동굴 벽화를 그린 사람들과 피라미드를 만든 사람들과 그리스 자연철학자들의 뇌는 알버트 아인슈타인의 뇌와 같은 하드웨어를 가지고 있었다. 단지 '프로그램'이 달랐을 뿐.

　19세기 프랑스 철학자 오귀스트 콩트는 정신 발달의 '프로그램'을 세 단계로 나누었다. 이 프로그램에 따르면, 처음에 인간은 세계 현상이 신의 활동에서 비롯된 것이라고 생각한다. 이것이 이른바 **신학**의 단계다. 다음, **추상적** 단계에서는 형이상학의 법칙들이 신과 악령의 자리를 차지한다. 마지막, **실증적** 단계에서 인간은 절대적 인식이 불가능하다는 것을 깨닫게 된다. 그래서 인간은 사물의 애매모호한 본질을 꿰뚫으려 고심하는 대신, 경험계의 합법칙성을 파악하는 데 골몰한다. 이 단계에서는 "왜 우리가 이 세상에 존재하는가?", "진리란 무엇인가?"라는 (추상적인) 질문 대신, "지렁이는 무엇을 먹고 사는가?"라는 식의 (구체적인) 질문을 던진다. 이렇게 인식의 오솔길은 신앙에서 출발하여 사변을 거쳐 실험적으로 검증할 수 있는 지식을 향해 나아간다는 것이다.

⚜

단계마다 삶의 근원에 대한 물음에 나름대로 답을 내린다. 단순한 신앙의 단계에서는 창조 설화들이 생겨났다. 이를테면: "처음에 하느님께서 하늘과 땅을 지어 내셨다. 땅은 아직 모양을 갖추지 않고 아무것도 생기지 않았는데, 어둠이 깊은 물 위에 뒤덮여 있었고 그 물 위에 하느님의 기운이 휘돌고 있었다. 하느님께서 '빛이 생겨라!' 하시자 빛이 생겨났다." 이집트의 피라미드에서 발견된 글에는 창조주가 직접 말을 한다. "그렇다. 내가 바로 내 성기를 쥐고

정액을 뿌린 장본인이다. 정액은 내 손을 통해 내 몸속으로 흘러들었다. 나는 몸을 성기에 휘감아 내 그림자와 성교하게 하고, 그 구름 아래서 시원한 바람으로 몸을 식혔다. 나는 풍요의 물을 비로 내리게 하였으니, 그 물은 대지 위의 보리처럼 내 입으로 흘러들었다." 그런가 하면 오르페우스 교도들은 이렇게 읊조린다. "제우스조차도 경외하는 여신, 검은 날개의 밤이 바람의 청혼을 받아 어둠의 품속에 은빛 알을 낳으니, 에로스가 이 알을 깨고 나와 우주를 움직였다."

참으로 시적인 향취를 풍기긴 하지만, 이 다양하고도 황당한 창조 설화들은 과연 그랬을까 하는 의구심을 한 번쯤 자아내지 않을 수 없었으리라. 그러면서 철학이 태어났다. 철학의 선구자 피타고라스는 '태초'의 필연성을 전면 부정했다. 그에게 시간은 거대한 순환이었고, 세계는 회전목마처럼 끝없이 도는 영구 기관(perpetuum mobile)이었다. 때때로 지구에 대참사가 일어나 인류가 멸망하면 문명의 전 과정은 처음부터 다시 시작된다. 마지막 대참사 — 사가들은 "노아의 홍수"를 기원전 3,000년경으로 추정한다 — 가 아직도 당시 사람들의 기억 속에 가물거리고 있었다. 그리고 하늘을 관찰하면서 순환이론의 정당성을 공고히 다졌다. 밤낮의 리듬, 사계절의 규칙적인 변화, 25,000년 동안 12궁을 따라 돈다는 태양의 여행 — 전 우주가 마치 제 꼬리를 물고 도는 뱀 같았다.

　이로써 세상의 근원에 대한 의문은 풀렸지만 훨씬 더 절박한 문제가 따로 있었다. "그렇다면 만유는 무엇 때문에 있는 것일까?"

　창조주 하느님이 있다는 상상으로 어느 정도는 위안이 되었다. 삶에 의미와 목적을 부여할 출발점은 가진 셈이었다. 피타고라스 학파가 거대한 우주의 롤러코스터를 타고 영원히 돌고 있는 동안 그리스도인들은 새로운 예루살렘을 향해 즐거운 순례 여행을 하고 있었다. 예상 종착지는 '최후의 심판'이었다.

　대부분의 서양 철학자들은 어느 한 가지 창조 원리는 고수했다. 그들은 나름대로 대단히 합리적인 근거들을 가지고 있었다. 전지전능한 건축가의 작품이 아니라면 기기묘묘한 자연의 질서를 어떻게 설명할 수 있겠는가? 상상 초월의 창조적 존재가 아니라면 누가 저 다채로운 질료와 형상을 다 만들었단 말인가? 하느님한테서가 아니라면 인간 이성은 어디서 왔는가? "쇠 몇 조각을 한데 합쳐 보십시오. 형체나 형태가 생기지 않게 말입니다." 데이빗 흄은 확신에 차서 이렇게 논증했다. "어떤 식으로 합치든 간에 이 쇳조각들이 시계가 되지는 않습니다." 그런데 하물며 초대형 시계인 우주와 소우주 인간이 **우연히** 생겼다고? 천만에, 그렇지 않다. 위대한 시계공 하느님 말고는 뾰족한 대안이 없는듯 했다.

⚜

콩트가 3단계론을 정립했을 즈음, 찰스 다윈이라는 주먹코 영국 청년이 오래 기억될 만한 여행을 떠났다. 그가 탄 탐험선 "비글"호는 1831년 12월 27일 플라이마우스에서 출항하여 남아메리카에서 측량을 하고, 오스트레일리아와 남아프리카를 거쳐 영국으로 돌아오기로 되어 있었다. 신학도이자 딱정벌레 수집광이었던 다윈은 탐험선이 정박하는 모든 지역의 자연을 탐사하라는 임무를 부여받았다. 떠나기 전, 다윈은 성서의 계시가 옳다고 굳게 믿고 있었다. 숨막히게 풍요로운 브라질의 원시림은 하느님의 전능을 보여 주는 증거가 아니던가. 그런데 슬슬 의구심이 들기 시작했다. 가령 나무늘보라는 동물은 푸르스름한 나무 꼭대기에 늘 매달려 있는데, 어쩌다 움직인다는 게 고작 어슬렁거리는 정도였다. 오죽하면 녀석의 피부에 이끼가 끼어 있겠는가. 그 옛날 나무늘보가 노아의 방주에 한자리를 얻었다 한들 도대체 아라라트 산에서 남아메리카까지 그 먼 길을 어떻게 걸어왔을까? 뭔가 앞뒤가 맞지 않았다! 그리고 다윈이 아르헨티나의 푼타 알타에서 발견한 거대한 멸종 동물 화석의 경우, 이 큰 녀석들이 어떻게 노아의 방주에 탈 수 있었을까? 창조주는 무엇 때문에 갈라파고스 제도의 모든 섬마다 각각 다른 종류의 참새를 만들어 내는 수고를 했을까? 삐걱거리는 부분이 늘어 갔다. 5년 동안 탐사여행을 하면서 다윈은 정말 많은 것을 보고 체험했다. 그리고 그리스도교 신앙을 물속에 던져 버렸다. 집에 돌아와 자신이 수집한 것들을 분석하고 있을 때는 어느덧 냉랭한 무신론자가 되어 있었다. 오랜 세월 끈질기게 연구한 끝에 그는 자연과학적 퍼즐 조각들 — 여행에서 얻은 지식, 노련한 사육사들의 경험담, 스스로 비둘기 사육을 하면서 관찰한 사실들 — 을 꿰맞춰 창조주가 빠져도 말이 되는 창조사를 만들어 냈다. 그는 생물학적 진화 원리로서의 "생존경쟁"을 인상적인 비유로써 설명했다. "자연은 만 개의 뾰족한 쐐기가 박힌 표면에 비유될 수 있다. … 내려치면 한없이 속으로 박혀 들어가는, 이 빼곡한 쐐기들은 상이한 종種들을 나타낸다. 쐐기 하나가 … 깊이 박히면서 다른 쐐기들을 밀어내는 일도 더러 있다. 이때의 진동과 충격이 다른 쐐기들한테까지 번지는 경우도 허다하다."

⚜

다윈의 주저 『종의 기원』(1859)으로 일진광풍이 휘몰아쳤다. 그야말로 엄청난 회오리였다. 이 책은 19세기에 가장 격렬한 논쟁을 불러일으킨 학술서였다. 비유컨대, 나무 밑동에 강력한 쐐기를 새로 박는 셈이었다. 교회가 "생존을 위한 투쟁"을 벌인 이유를 이해하고도 남겠다. 수많은 철학자들도 그 바람에 맞서 처절하게 저항했다. 인간의 정신이 어리석은 자연에서 파생되었다고 주장하는 이 책이야말로 모든 인문학자들을 모독하는 대역죄에 해당했다.

이러한 반론은 도리어 다윈의 이론을 확증해 주었다. 교회와 형이상학의 영역을 침범한 "실증적" 생물학은 그들의 삶의 근저를 파괴해 버릴 듯한 기세였다. 자연과학자들은 자신의 경쟁자인 성직자와 인문과학자들보다 확실히 "더 잘 적응"하고 있었다. 그들의 말이 경험적 사실 — 오래 전에 멸종한 공룡의 화석, 동물 사육의 가능성, 종의 다양성 — 에 더 잘 들어맞았던 것이다. 불과 6천여 년 전에 하느님이 세상을 창조했고, 7,877쌍의 동물이 홍수를 피해 노아의 방주에 들어왔으며, 하느님이 생물학자들을 우롱하기 위해 선사 시대의 뼈를 땅속에 파묻어 놓았다고 주장하는 "창조신학적" 명제는 위기에 처했다. 물론 요즘도 미국인의 48%가 성서적 창조사화의 신빙성을 믿고 있으며, 일리노이 주에서는 그리스도교 근본주의자들의 항의로 진화론이 커리큘럼에서 삭제되기도 했다지만 말이다.

⚜

저 악명 높은 바이블 벨트(보수적 프로테스탄트가 우세한 미국 중남부 지방 — 역자 주)만 제쳐 놓고 보면, 신앙과 철학은 놀라울 정도로 빨리 진화론에 적응했다. 신학자들은 창조사화의 신화적 성격을 언급하기도 하고 약삭빠르게 이런 질문을 던지기도 했다. "그래, 종의 다양성이 진화의 산물이라 치자. 하지만 진화를 이루어 낸 분은 누구지?" 철학자들은 한술 더 떠 다윈의 사상으로 이득을 챙겼다. 이론의 진보와 소멸에 진화 사상을 적용시킨 것이다. 과학이 벌이는 "진리경쟁"도 삶에서의 "생존경쟁" 못지않게 치열하다. (영원한 존재가 없듯이 영원한 진리도 없는 법.)

다윈의 이론이 주는 흥분이 다소 잦아들면서, 정상적인 사람이라면, 근본적으로 변한 게 아무것도 없음을 금방 깨닫는다. 전부 다 표현의 문제였다. 인간은 이제 "창조의 정점"이 아니란 말인가? 그래서 어쩌라고! "창조의 최상품"이란 말도 그리 듣기 싫지는 않은데 뭘. "자식을 낳고 번성하여 온 땅에 퍼져서 땅을 정복하여라!" 이 과업은 이제 원인 무효인가? "생존경쟁"에서 챔피언 먹고 양심의 가책 없이 최강자의 권리를 누릴 수 있다는데 아무렴 어떠랴. 그리고 "원숭이로부터" 진화됐다? 그래도 한세상 사는 데는 아무 지장이 없다. **자수성가한 사람**은 출신 성분이 험할수록 그 능력이 돋보이는 법이니.

⚜

물론 우리를 창조한 건 우리가 아니다. 금세기 인간은 진화의 나무 끝에 달린 작은 나뭇가지 **하나**에 불과하다. 이 나뭇가지는, 진드기라는 나뭇가지나 우산버섯이라는 나뭇가지가 그런 것처럼, 제 스스로 한 것 하나 없이 자랐다. 우리가 자랑스러워할 이유는 따라서 하나도 없다. 그러나 미래인은 다른 모든 생물과 구별될 것이고, 진화도 과거의 그것과 똑같지 않을 것이다. 다윈의 지식과 DNA 구조의 발견과 유전공학의 발전으로 인해, 진화의 산물인 인간이 진화의 전 과정(과 더불어 자신의 향후 발전)을 **깬 의식으로 책임감을 가지고 제어하는 일**이 비로소 가능해졌다.

지난 만 년 동안 쇠, 현미경, 컴퓨터 같은 도구와 무기는 끊임없이 발전해 왔지만 인간은 변함없이 그대로다. 미래는 어떨까? 유전공학자들이 **초고속 진화**를 가동시켜 **초인**超人을 만들어 낼까? 현재의 "실증적" 단계가 **디자인 단계**로 바뀔까? 초철학超哲學의 과제는 신인류 세대를 위한 생활 세계의 청사진을 굽는 것일까? 여행은 어디로 계속되는가?

프리드리히 뒤렌마트의 섬뜩한 단편 「터널」. 한 대학생이 기차를 탄다. 뚱뚱한 체격, 스물네 살, 시가 애호가. 아무래도 초인과는 거리가 멀다. 늘 타던 대학도시행 기차. 두 시간 거리. 기차는 터널로 들어간다. 어, 터널이 평소보다 좀 길다 싶다. 엄청 길다. 정말! 끝이 보이질 않는다! 기차도 길을 잘못 드나? 뭔가 잘못되었음을 눈치챈 승객은 아무도 없다. 기차가 내리막길로 치달으면서 점점 빨라지고 있다는 사실도! 대학생은 천신만고 끝에 기관실에 닿는다. 운전석이 비어 있다. 브레이크가 듣지 않는다. 기차는 지구 속으로 질주한다. 아니면? "하느님이 우리를 떨어지게 하신 거지. 그래서 우리는 그분을 향해 추락하고 있는 거야." 이야기 끝.

⚜

아니다. 이렇게 비관적으로 끝내고 싶지는 않다. 부엌 창문으로 밖이나 한 번 더 내다보자. 30년 전만 해도 헬스클럽 붐은 꿈도 못 꾸던 일이었다. 30년 후에는 이 붐도 지난 옛이야기가 되어 있을 것이다. 그때는 시티 헬스 클럽 건물에 "콘트라 파밀리아"(contra familia: 독일의 가정 문제 상담 기관인 프로 파밀리아pro familia를 빗댄 말장난 — 역자 주)의 상담실이나, 21세기의 대표적 철학파 "사이버 시닉스"(Cyber-Cynics: 고대 그리스의 "견유학파"를 뜻하는 Cynics에 Cyber를 붙인 말장난 — 역자 주)의 모임방이 들어설지도 모른다. "사이버 시닉스"라는 이름 때문에 헷갈리지 말기를! 사실 이들은 변장한 신 피타고라스 학파다. 2040년에는 권력에 혈안이 된 사이버 시닉스들이 인간에게도 감염되는 신종 컴퓨터 바이러스를 만들어 낼 것이다. 이놈은 24시간 안에 십억 개의 대뇌피질 세포를 마비시켜 버릴 만큼 전염성이 강하다. 전 세계 2만 명의 사이버 시닉스들은 그들이 보유한 항바이러스 특수 백신 철학 덕분에 심각한 뇌 손상 없이 살아남는다. 그들의 정신 발달 수준은 2백만 년 정도 퇴행한 상태다. 이렇게 모든 것이 처음부터 다시 시작된다.

더 알고 싶은 분들께는 Daniel C. Dennett의 *Darwin's Dangerous Idea* (Simon & Schuster 1996)을 권한다.

9

신비주의

혹은

천 국 에 대 한 향 수

지난주에 비로소 내 혀가 전동타자기 롤러 속으로 말려들었는데
어떻게 내가 신을 믿을 수 있단 말인가?

· 우디 알렌

종교는 우주의 직관이다.

· 프리드리히 슐라이어마허

1961년 우주 여행에서 돌아온 유리 가가린은 상부의 명을 충실히 받들어 이렇게 보고했다. "**그랬다**, 정말 지구는 둥글었다. 그리고, **아니었다**, 나는 저 위에서 천사를 보지 못했으며, 텅 빈 하늘엔 별똥별 몇 개뿐, 신의 자취는 찾아볼 수 없었다." 마치 무신론에 무슨 확증이 필요하기라도 한 듯!

이미 18세기 프랑스 계몽주의자들은 기생충 같은 성직자들의 형편없는 작품이 바로 종교라고 "폭로"했다. 세상의 성직자니 무당이니 하는 자들이 백성들에게 겁을 주고 자신의 특권을 유지하기 위해 신을 허깨비로 이용한다는 생각은 지식인들 사이에서 공공연한 비밀로 통했다. 1794년, 프랑스 혁명의 와중에는 "이성 숭배"를 위해 그리스도교가 금지되기도 했다.

19세기에는 성서를 실증적인 사료와 비교함으로써 "하느님의 말씀"에 앞뒤가 맞지 않다는 사실이 밝혀졌다. 다윈이 발견한 사실들 때문에 성서의 창조사화는 한낱 우화가 되어 버리고 말았다. 그러나 신학자들은 아직 강력한 근거 **하나**를 내세운다. "모든 민족이 신을 믿는다. 신이 없다면 왜 그러겠는가?" 그러자 지그문트 프로이트가 종교는 오이디푸스 콤플렉스의 산물이라면서 신학자들의 항변을 반박하고 나섰다. 옛 씨족 사회에서 좌절감을 느낀 아들들이 어느 날 작당해서 폭군 아버지를 무참히 살해하고 시신을 함께 먹어 치웠다는 것이다. 이런 승리의 예식과 함께 인간 사회가 시작되었고, 잔혹 행위에 대한 집단적 기억, 즉 승리감과 가책이 섞인 양가兩價 감정이 종교에 내재되어 있다는 것이 프로이트의 주장이었다.

신은 민중의 아편이었고, 죽었고, 강박신경증이었다. 마르크스, 니체, 프로이트 같은 20세기의 예언자들은 한결같이 무신론을 선포했다. 그리고 1·2차 세계대전과 홀로코스트가 뒤를 이었다. 대학살의 전율은 그나마 남아 있던 하느님 신앙마저 무의미함을 입증했다. 그리고 이제는 우주의 차디찬 공허감까지 ….

썰렁한 유머 한 토막:

한 남자가 오밤중에 가로등 밑을 이리저리 헤매고 있었다. "뭐 잃어버리셨습니까?" 경찰관이 물었다. "열쇠요." 경찰관은 찾는 걸 5분쯤 거들더니 다시 물었다. **"여기서 잃어버린 거 맞아요?"** "아뇨, 사실은 **저** 뒤에서 잃어버렸는데 여기가 더 밝아서 …."

바닥을 헤매던 남자는 현대인이다. 현대인은 행복이든, 사랑이든, 신이든 늘 없는 데에서만 찾고 있다. 현대인은 인공위성 궤도상에서 천사를 기다리던 가가린처럼 줄창 밝은 데만 더듬고 다닌다. 지겹지도 않나. 정작 열쇠는 **어둠 속** 어딘가에 떨어져 있는데.

⚜

흔히 그렇듯이 언어는 우리를 속이기 위해 여기서도 별짓을 다 한다. "믿는다"라는 말에는 두 가지 판이한 의미가 있다. 일상어에서의 "믿는다"는 믿을 대상을 필요로 한다.

"나는 기차가 20시 30분에 출발할 거라고 **믿는다**."

"나는 바이에른 뮌헨이 분데스리가에서 우승할 거라고 **믿는다**."

이때 "믿는다"는 "추측하다"와 같은 뜻으로, "안다"의 전 단계이며 **불확실성**을 내포하고 있다.

믿음의 종교적인 의미는 완전히 다르다. 외부 세계의 객관적 상태를 인식하거나 인정하는 것은 별개의 문제다. 천사는 UFO가 아니며, 하느님은 천상의 설인雪人이 아니다. **그렇다면** 누구인가? 꼬집어 말하기 어렵다. 그는 아주 내밀한 만남을 통해, 때로는 '느낌'으로, 때로는 '목소리'로, 때로는 '빛'으로, 때로는 '어둠'으로, 또 때로는 — 역설적이지만 — '밤을 밝히는 어두운 구름'으로 각자에게 모습을 드러낸다. 사람마다 받는 계시가 다르다. 라이너 마리아 릴케는 자신이 받은 계시를 이렇게 묘사했다.

> **나의** 하느님은 어두우며
>
> 백 개의 뿌리로 물을 빨아 올리는
>
> 침묵의 나무 등걸 같도다.
>
> **그의** 온기로 내가 살아 견딜 뿐,
>
> 내가 아는 건 이밖에 더 없으니,
>
> 내 모든 가지들이 저 깊은 데서 안식하며
>
> 그저 바람 따라 손짓하는 까닭이라.

어둠에 묻혀 보이지 않는 신을 지성의 못으로 박아 고정시킬 순 없다. 그가 자신을 정의하는 일을 반대하면 할수록 신을 온전히 전하기가 어려워진다. 종교는 조리법 가르치듯 전할 수 있는 게 아니다. "재료는요, 세례 한 번, 계명 열 가지, 주님의 기도 하나, 이웃 사랑 한 움큼 …." 이른바 신 존재 증명이라는 것도 기실 어떤 증명으로도 신을 증명할 수 없다는 사실만을 증명할 뿐이다.

그리고 신과의 개인적인 만남은 모든 의심을 없애 버린다. 종교적인 믿음에는 최상의 **확실성**이 담겨 있다.

⚜

어떻게 사랑 한번 해 보지 않은 사람에게 사랑을 설명할 수 있을까? 모르는 사람에게 종교적 믿음은 그렇게 막막한 것이다. 신비는 종교적 믿음의 핵이다. 종교적 믿음은 "닫혀 있어서" 논증도 반박도 할 수 없다. 그저 수동적으로 느끼고 비유로 에둘러 말할 수 있을 뿐 — 이 점에서 사랑과 비슷하다.

따라서 신비주의라는 것은, 수염 허연 창조주 아버지를 믿는다거나 캐물어 알아낼 수 있는 신앙 고백을 믿는 행위가 아니다. 신비주의는 도무지 **그 무엇**에 대한 믿음이 아니다. 중세의 신비주의자 마이스터 에크하르트의 표현대로, 신비주의는 "모든 피조물에서 벗어나 신과의 합일로 나아가는 영혼의 움직임"이다. 신비주의는 자비로운 품에 안길 거라는 확신을 가지고 육신의 세계로부터 뛰어내리고 싶은 갈망이다. 신비주의는 마음의 코페르니쿠스적 전회다. 자기를 앞세우고 싶은 욕구가 부글거리던 자리에, 자기를 버리고, 소진시키고, 바치고 싶은 갈망이 들어선다. 신비주의는 생사일여生死─如를 향한 조건 없는 헌신이다. **천상에의 향수**鄕愁**이며 만유를 아우르는 사랑**이다.

⚜

무구한 대자연의 품에서나 콘서트홀에서, 혹은 취중에, 누구나 잠깐씩은 무아지경을 맛보곤 한다. 신비주의자는 이런 황홀의 순간을 어떻게든 늘여 자기의 온 삶을 환히 비추게 한다. 이를 위해서라면 어떤 희생도 치를 각오가 되어 있다. 구원의 노정에 물질의 소유는 귀찮은 짐이다. 성적 쾌락도 포기한다. 허리 아래의 에너지는 언젠가 영적인 광야에 다시 모습을 드러내게 마련이라, 아빌라의 성녀 데레사처럼 종교적인 황홀경에 관능이 묻어나는 경우도 드물지 않다. 성녀 데레사는 이렇게 기도한다. "아, 저의 하느님! 저에게 당신 사랑스런 아드님의 피를 주시기 바라오며, 은총을 베푸시어 당신 아드님께서 저에게 입맞춤할 수 있도록 저를 이끌어 주소서!"

　사회적 자살, 즉 사회의 울타리에서 '벗어나는 것'도 진정한 신비주의자의 길이다. 이런 행위는 수도복을 입거나 새 이름을 받음으로써 더욱 공고해진다. 교도소나 군대에서는 굴욕적인 강압일 탈인격화가, 여기서는 자유로운 정신으로 거듭나기 위한 전제조건이 된다.

"옷 벗으세요." 진찰을 시작하기 전 의사들이 하는 말이다. 그런데 이 말이 신비주의의 첫 계명이란 사실은 아마 까맣게 모를 것이다. "모든 것을 벗어 버려라! 네가 가진 모든 것을, 네가 가지고 싶어 하는 모든 것을, 네가 바라는 모든 것을." 그리스도교 신비주의자들은 이 말을 은유적으로 받아들였지만 인도의 바라문 고행자들은 액면 그대로 실천했다. 그들은 벌거벗은 채 숲에서 열매를 따 먹으며 살았고 섹스를 거부했다. 알렉산더 대왕이 인도 원정 길에 이들과 철학을 논했다고 전해진다. 그 중 칼라노스라는 사람은 중병에 걸리자 자살을 결심하고 감동적인 예식이 치러지는 가운데 장작불에 몸을 던졌다.

⚜

마케도니아의 정복자 알렉산더 대왕은 철학자들을 무척 좋아했다. 그와 디오게네스에 얽힌 일화는 유명하다. 아테네 키벨레 여신의 신전에서 디오게네스가 통을 등지고 누워 있었다. 알렉산더: "그대 소원을 말하라." 디오게네스: "햇빛 가리지 마소!"

이 대답은 이른바 견유학파 철학자들의 은밀한 신앙 고백이다. 이들은 집도 욕심도 거리낌도 없이 주인 없는 개처럼 거리를 뒹굴던 '개 철학자들'이었다. 단련을 삶의 원칙으로 삼았던 디오게네스가 '선탠'을 하려고 그랬겠나, 따뜻한 볕이 그리워서 그랬겠나. 아니다. 디오게네스에게 태양은 신성神性의 상징이었다. 반면, 부귀영화의 화신 알

렉산더는 세속의 상징이었다. 그러니까 알렉산더의 "그림
자"는 "개기신식"皆旣神蝕이었던 것이다. 신비주의자들이
보기에 속인들은 그 개기신식 속에 살고 있다.

　냉정히 따지면 견유학파는 신비주의자들이 아니었다.
(독신 생활도 별로 대단하게 여기지 않았고.) 하지만 알파
벳 Y(Kyniker - Mystiker)를 공유하고 있다는 것 말고도 이 둘
은 닮은 점이 꽤 많다.

⚜

Y는 '철학적인' 알파벳으로 통한다. "기로에 선 헤라클레
스" 전설 때문이다. 어느 날 제우스의 아들 헤라클레스가
길을 가는데 Y자 갈림길이 나왔다. 거기에는 두 여인이
이정표 노릇을 하고 있었다. 한쪽에서는 창녀가 넓고 편한
내리막길을 내달아 행복으로 가라고 꼬드겼고, 다른 한쪽
에서는 깐깐한 여선생이 가파른 가시 오르막을 올라 덕의
길을 가라고 엄중 경고하고 있었다.

　헤라클레스는 반신半神의 품위에 합당한 길을 택했다.
그의 삶은 사심 없는 과업과 온갖 악과의 투쟁으로 점철되
었다. 그는 불길 속에서 죽음을 맞았다. 훗날 세인들은 그
를 위기에서 도움을 청할 "구원자"로 오래 기억했다. 견유
학파 철학자들은 그를 수호자로 여겼고, 헤라클레스의 "갈
림길"을 철학적 상황 그 자체로 해석했다. 그들에게 철학
은 이성적으로 탐구할 문제도 아니었고, 지성적인 소일거
리도 아니었으며, 학문적 경력을 쌓는 일은 더더욱 아니었

다. 그들에게는 실존적 결단이 요구되었고, 헤라클레스를 따라 진정한 삶, '벌거벗은' 삶에 귀의할 마음가짐이 필요했다.

디오게네스 일화가 암시하는 것처럼, 견유학파는 고대 철학의 기이한 부대현상이 절대 아니었다. 철학의 거대 학파들과 견유학파의 관계는 교의敎義 종교들과 신비주의의 관계와 비슷했다. 견유학파의 끈질긴 생명력이 이를 잘 설명해 준다. 500년이 넘는 세월 동안 견유학파의 (남녀) 방랑철학자들은 질박한 대안적 삶을 설파하며 고대 세계를 주유했다. 통일된 복장과 이불 겸용의 남루한 털외투는 그들만의 고유 '브랜드'였다. 그들은 철학자라기보다 히피에 가까웠다. 야바위꾼과 비렁뱅이들이 이 존경스런 이름을 남용하기도 했지만 이 운동에 참여한 사람들은 주로, 진정한 영적 욕구에 목말라 봇짐 하나 달랑 메고 기존 사회를 등진 사람들이었다. 배고픔, 방랑, 별빛 아래 지새는 밤이야말로 영성이라는 보드라운 초목의 자양분이었음은 말할 나위도 없다.

최후의 견유학파 철학자 페레그리노스 — "정처 없는 사람" — 는 올림픽이 열리던 기원전 167년, 극기를 입증하기 위해 수천 관중의 애도와 격려를 받으며 타오르는 장작불 속으로 뛰어들었다. 한때 헤라클레스와 칼라노스도 같은 길을 걸었다. 세인들의 평가는 반반이었다. 한편에서는 페레그리노스를 성인으로 공경하며 그의 승천을 선포했고,

다른 편에서는 그가 살았을 때보다 죽고 나서 더 고약한
악취가 난다고 했다.

⚜

복자福者 페레그리노스는 그리스도교에 심취했다. 실제로
견유학파 철학과 그리스도교 복음은 비슷한 데가 있다.
"너희는 무엇을 먹고 마시며 살아갈까, 또 몸에는 무엇을
걸칠까 하고 걱정하지 말아라. 목숨이 음식보다 소중하지
않느냐? 또 몸이 옷보다 소중하지 않느냐? 공중의 새들을
보아라. 그것들은 씨를 뿌리거나 거두거나 곳간에 모아 들
이지 않아도 하늘에 계신 너희 아버지께서 먹여 주신다."
　모든 종교가 다 그렇듯이 그리스도교도 지금까지 시대
마다 불가사의한 분열을 경험했다. 특히 중세 후기, 많은
사람들이 교회의 봉건적 위계질서 속에서 직위를 얻으려고
노력하기보다는 영성에 충만하여 올곧게 그리스도를 따르
는 삶을 택했다. 그들은 가난한 방랑 설교자가 되어 이탈
리아 북부와 프랑스 남부를 떠돌아다니며, 백성들을 그리
스도교의 원천으로, 실천적 이웃 사랑과 성령에 충만한 공
동체로 돌아오게 했다. 이런 신비주의자들 중 제일 유명한
사람이 바로 아시시의 프란치스코로 더 잘 알려진 조반니
베르나르도네다. 프란치스코는 중병으로 생사의 갈림길에
서자 전 재산을 가난한 이웃들에게 나누어 주고 가족과도
연락을 끊어 버린다. 방랑자의 '유니폼'을 걸치게 되는 건
그때부터였다. 털로 짠 수도복, 동냥자루와 지팡이. 그는

무너진 교회를 다시 세우고 나환자들을 보살폈으며 때로는 새들에게도 설교를 했다. "새들아, 너희는 내가 사랑하는 형제 자매다. 너희는 창조주 하느님께 큰 은혜를 입었으니 늘 찬미의 노래를 불러라. 그분께서는 너희에게 어디든 날아갈 수 있는 자유를 주셨단다. …" 이때 새들이 "부리를 열고 목을 펴고 날개를 펼치면서 정중히 고개를 조아려 프란치스코가 선사한 큰 기쁨에 온몸으로 고마움을 표시했다"고 전설은 전한다. 그러고 나서 사방으로 날아오르면서 파란 하늘에 십자가를 그려 보였다고 한다.

⚜

"갈림길" 전통은 철학에도 살아 있다. 덴마크의 철학자 쇠렌 키에르케고르는 실존철학을 창시했다. 실존철학의 열쇠는 "본래적" 현존재로 살기로 결단하는 데 있다. 프랑스의 여류 철학자 시몬느 베이유는 철저하게 사회주의적·그리스도교적 신비주의를 실천하며 살다가 그렇게 생을 마감했다. 비트겐슈타인도 마음만 먹었다면 쉽게 교수 자리를 얻어 학자로서의 명성을 쌓을 수 있었을 것이다. 하지만 그는 어마어마한 유산을 사람들에게 나누어 주고 변변한 집 한 칸 없이 살았다. 얼마나 허름하게 입고 다녔으면 가끔 부랑자로 오해받기까지 했으랴. 즐기는 음식이 뭐냐는 질문에는 견유학파처럼 무심히 대답했다. "아무거나 상관없어. 어차피 매일 똑같은 걸 먹으니까." 그는 이미 젊었을 때 철학적 인식의 한계가 말로 표현할 수 없는 것에 있음을 깨달았다. 그의 『논리 철학 논고』는 이렇게 끝난다. "우리는 모든 **가능한** 과학적 문제에 대한 답을 얻는다 해도 삶의 문제는 조금도 건드려지지 못한 채 남을 것이라고 느낀다. … 실로 말로 표현할 수 없는 것이 있다. 그것은 **스스로 나타난다.** 그것은 신비적인 것이다."

철학의 초심자에게 이 말은 복음이 아닐 수 없다. 이제는 철학에 대해 어떤 감을 잡기 위해 다년간 두꺼운 책을 넘기지 않아도 되기 때문이다. 이런 감은 신비신앙처럼 우리 모두의 내면에 잠재해 있다. 언제라도 깨어나길 기다릴 뿐이다.

⚜

모든 우주비행사가 가로등 아래서 열쇠를 찾는 오류를 범하지는 않는다. 최근에 나는 라디오에서 러시아 우주비행사들의 경험담을 들은 적이 있다. 그중 몇몇은 몇 시간 동안 우주 유영을 하면서 겪은 묘한 현상에 대해 증언했다. 그들은 우주의 광대함에 완전히 압도되어 산소 공급 호스를 빼 버리고 캡슐에서 튕겨 나가 성운 속으로 영원히 잠기고 싶은 충동을 느꼈다는 것이다. 이 기이한 갈망은 몸으로도 느껴졌다고 한다. 말하자면 우주비행사들은 무중력 상태에서 종교적 중력장으로 빨려 들었던 것이다.

신비주의의 장場은 끝나지 않았다. 어찌 보면 우주비행이라는 것도 흔히 생각하듯 그렇게 현대적인 것만은 아니다. 어느 날 십자가의 성 요한은 아빌라의 성녀 데레사와

삼위일체에 대해 이야기를 나누고 있었다. 대화가 한창 무르익으면서 성 요한은 성령에 흠뻑 도취했다. 황홀경이 절정에 달하자 그는 의자에 앉은 채 두둥실 떠오르더니 천장 아래를 부유했다. 그때 칸막이 뒤에서 무릎을 꿇고 있던 데레사 성녀도 황홀경에 빠져 들었다. 그녀 역시 공중에 떠서 방 안을 둥둥 떠다녔다 ….

더 알고 싶은 분들께는 Georg Luck의 *Die Weisheit der Hunde* (Stuttgart 1997)와 라이너 마리아 릴케의 연작 『기도 시집』을 권한다.

10

죽음

혹은

나 의 살 인 자 , 나 의 친 구

고통, 치욕, 빈곤, 그리고 이런저런 우연한 불행들은 습관과 경험
을 통해 단련될 수 있다. 그러나 죽음은 오직 한번뿐이다. 이 점에
서 우리는 모두 견습생에 불과하다.

· 샤를르 드 몽테뉴

지금까지 나는 죽음을 언제든 환영할 수 있는 친근한 현상으로 생
각했다. 왜냐 하면 내가 아무리 만족스럽고 행복하게 살더라도 삶
은 늘 유한하고 수수께끼 같아서, 이승의 베일이 찢어지기만 하면
일거에 삶의 확장과 구원이 이루어질 것이기 때문이다.

· 빌헬름 폰 훔볼트

나는 내 작품을 통해서 불멸성을 얻고 싶은 것이 아니다. 나는 진
짜로 죽지 않음으로써 불멸성을 얻고 싶다.

· 우디 알렌

하이델베르크. 셰익스피어의 무슨 기념일. 버스 정류장 앞 서점 진열창도 이날에 어울리게 꾸며졌다. 해골 하나가 전집 사이 검은 벨벳 위에 누워 히죽거리고 있었다.

아이 둘이 느릿느릿 걸어왔다. 얼추 네 살, 여덟 살? 가던 길을 멈추고 창을 들여다보더니 꼬마가 물었다.

"이게 뭐야?"

"해골." 여덟 살짜리가 말했다.

"그게 뭔데?"

"머리 속에 들어 있는 거야. 누구한테나 다 있어."

꼬마는 눈이 똥그래져서 여덟 살짜리를 쳐다보았다.

"우린 아니지?"

"아니, 우리한테도 있어."

우리한테도 있어. 나는 아이들의 천진함에 반했다. **머리 속에 들어 있는 거야.** 나는 엑스레이 같은 눈으로 주위의 행인들을 관찰했다. 남자, 여자, 학생, 퇴직자, 이고장 토박이, 일본 사람. 그들은 내 곁을 지나갔다. 그리고 피하 일 밀리미터 안의 해골도 지나갔다. 소리 없는 웃음이 얼굴 뒤에 숨어서 이를 드러내고 어슬렁거렸다.

⚜

에피쿠로스는 이렇게 말했다. "가장 끔찍한 해악, 죽음은 우리와 아무 상관이 없다. 우리가 살아 있는 한 죽음은 우리 곁에 없고, 죽음이 우리 곁에 와 있으면 우리가 죽고 없기 때문이다. 따라서 죽음은 산 자와도 죽은 자와도 상관이 없다. 산 자는 죽음이 건드리지 아니하고 죽은 자는 이미 존재하지 않는다. 대중은 죽음을 악 중의 악이라 여기며 피해 달아나기도 하고, 고해苦海로부터의 안식이라 여기며 일부러 찾아 나서기도 한다. 그러나 현자는 삶을 거부하지도 않고 죽음을 두려워하지도 않는다.”

참 우아하게도 철학했다. 에피쿠로스 학파는 죽음에 별 관심이 없었다. 기껏해야 술잔에 해골이나 새겨 넣고 삶을 더욱 의식적으로 향유했다.

이런 태도를 보면 타조가 생각난다. 나는 모래밭에 머리를 처박는 행동이 싫다. 죽음을 직시하면서, 할 수 있는 한 죽음과 눈싸움해 보고 싶다. 죽음은 우리가 태어나기 전부터 늘 우리 안에 있었다. 난자가 첫 세포 분열을 시작하면서 죽음의 싹도 텄다. 모래시계는 처음부터 작동했다. 생물학의 마술사들은 세포의 죽음에 관여하는 유전자의 정체를 밝히는 데 성공했다. 이른바 세균 유전자가 세포 내에서 활동을 시작하면 세포는 25분 이내에 분해되어 흔적도 없이 사라진다. 세포 하나하나의 죽음은 미리 그렇게 프로그래밍되어 있는지도 모른다. 전 유기체가 건강을 유지하려면 그래야 한다. 인간이라는 세포체가 터미네이터 같은 **외부** 원인이나 첨단 무기에 의해 죽음을 맞을 거라고 생각하는 사람은 SF 작가들밖에 없다. 일정 나이가 되면 질병이 죽음을 유발하는 것이 아니라 몸이 각종 질병을 이용해서 스스로를 죽인다. 죽음은 **내부로부터** 온다.

산타클로스로 변장한 아빠처럼, 앵두 씨처럼, 은거지에서 작전을 수행하는 비밀요원처럼 뼈는 사람 몸 속에 숨어 있다. 세월이 흐르면 뼈는 감히 뻔뻔스런 마각을 드러낸다. 궂은 날에는 더욱 기승을 부린다. "오늘은 뼈마디가 쑤시네"라는 말이 양로원에서 온종일 끊이지 않는다.

16세기 한스 홀바인 주니어의 목각 「죽음의 상징」 시리즈 가운데 「노인」이라는 작품이 있다. 백발 노인이 죽음의 신에 끌려 입 벌린 무덤으로 가고 있다. 한 걸음만 내디디면 천 길 나락이다. 노인은 아랑곳하지 않는다. 죽음의 신은 치터(현악기의 일종 — 역자 주)를 연주하고 노인은 감동에 겨워 최후의 무도회를 즐긴다. 이 모습을 부러워해야 하나? 어떤 것이 더 나을까? 눈 감고 무덤 속으로 허우적거리며 들어가? 아니면 눈 똑바로 뜨고 뛰어들어? 어떻든 이 작품은 노인의 죽음을 긍정적으로 묘사하고 있다.

음악을 들려주는 친구의 모습은 죽음이 맡은 역할 중 하나일 뿐이다. 죽음의 신은 전혀 다른 태도를 보일 수도 있다. 재미로 기사 등에 창을 꽂을 수도 있고, 구중심처에 숨어 보물을 세는 부자의 면전에서 애지중지하는 황금을 빼앗아 버릴 수도 있다. 이런 죽음은 개혁을 편들어 — 바야흐로 농민전쟁의 시대 — 가난한 백성을 위해 싸운다. 신분 사회에서의 평등한 대우는 실로 혁명적이다. 죽음은 황후든 거지의 아낙이든, 농민이든 교황이든 차별 없이 대한다. "한 사람 앞에 한 번씩" — 이것이 죽음의 구호다.

죽음은 모든 언어를 구사한다. 육체의 아름다움도, 화려한 옷도 그를 눈멀게 할 수 없다. 모래시계가 다 떨어지면 어떤 뇌물로도 그의 마음을 돌이킬 수 없다. 그가 등장하면 희극은 끝난다. 죽음은 모든 생명이 자신과 꼭 닮은 모습을 하고 있음을 알고 그것을 들추어낸다. 그것은 절망군 소속 무명 훈련병의 모습이다. 몸 굳는 날에는 어떤 핑계도 통하지 않는다. 용한 의사를 안다면 혹시 모를까.

옛날 어느 마을에 가난한 남자가 살고 있었다. 하루는 아들의 영세 대부代父를 찾고 있었는데, 마침 비쩍 마른 젊은이가 지나가기에 물어보았다.

"자네 누군가?"

"죽음입니다. 누구든 평등하게 대하지요."

가난한 사람은 기뻤다. "자네가 제격이구먼. 자네는 부자나 가난뱅이나 차별 없이 데려가니 내 아들의 대부를 좀 서 주게나."

죽음은 그러마고 했다.

아들이 자라서 어른이 되자, 죽음은 그를 숲으로 데리고 가서 진기한 약초를 보여 주었다. "널 유명한 의사로 만들어 주지. 환자에게 가면 내가 어디에 서 있는지 잘 보아라. 침대 머리맡에 서 있으면 나을 병이니 환자에게 약초를 먹여라. 그럼 낫는다. 그러나 침대 발치에 서 있으면 어쩔 방도가 없다." 정말 그 젊은 의사는 족집게처럼 병을 다스려 금방 유명해졌다. 그러던 어느 날 공주가 몸져눕게 되었는데 죽음이 발치에 서 있는 게 아닌가. 의사는 잽싸게 침대를 180도 돌려놓았다. 예쁜 공주는 금방 나았다.

⚜

이런 걸 요즘에는 응급의학이라고 한다. 생명의 마지막 불꽃을 지키기 위해 온갖 장비와 체력과 투철한 정신력이 총동원되는 싸움. 마지막 피 한 방울까지. 가끔은 부조리한 상황으로까지. 죽음은 그 자체로 나쁜 것, 임상적 참사, **있어서는 안 될 일**처럼 보인다. 심리학자들의 추측대로라면, 중환자실 의료진은 사경을 헤매는 아흔한 살의 환자를 소생시키면서도 자신들이 하는 일의 부질없음에 대해 내심 반감을 느낀다고 한다. 어쩌면 이런 행위는 명예를 좇는 스포츠 같은 것일지도 모른다. 그게 아니라면 조건반사든지, 할 수 있는 일이 더는 없다는 걸 인정하는 게 겁나서든지, 전부 다든지. 젊은이에게는 건강이 정상이고, 병은 부자연스런 것이라, 맞서 싸워야 하고 싸우면 대개는 이긴다. 그러나 우리가 이기는 것은 잦은 소규모 전투에서일 뿐, 전쟁에서 이기는 쪽은 결국 죽음이다. 당연히 죽음이 승리자가 되어야 한다. 마땅히 그래야 한다. 나이 들면 죽는 것이 정상이다. **그렇다, 그건 건강한 것이다.** 수단 방법을 가리지 않고 생명을 지탱하는 것은 자연을 겁탈하는 것이다.

몇 년 전 나는 운 좋게도 심장 박동 정지 상태에서 소생한 적이 있다. 그때 날 구해 준 모든 분들께 늘 고마움을 느낀다. 나의 죽음이 어떻게 패배의 분을 삭이고 돌아설지는 아무쪼록 수삼 년 후에나 봤으면 좋겠다.

우화 속의 죽음은 몹시 화가 나서 수많은 촛불이 밝혀진 저승으로 의사를 끌고 갔다. "보이지?" 죽음이 말했다. "저게 생명의 빛이야. 긴 초는 애들 것, 반쯤 탄 건 젊은 이들 것, 아주 작은 초는 노인들 것." **자기** 초는 어딨냐고 의사가 물었을 때 죽음은 거의 다 타 버린 촛불 하나를 가리켰다. 그러자 바로 촛불이 꺼지고 의사는 쓰러졌다.

우화 속의 죽음은 악한이라기보다는 감상적인 악마에 가깝다. 그 의사는 신의 질서를 어지럽혔다. 바른 기준을 잃고 자신의 한계를 몰랐다. 이게 의사들의 직업병인가? 그 옛날 의사들의 원조 격인 아스클레피오스도 분수 모르고 죽은 사람들을 살리다가 제우스의 벼락을 맞고 죽었다. 벌 벼락에 듣는 약초는 없었다.

독초들은 참 많다. 한 예로, 독당근은 하얀 꽃이 피는 산형과 식물인데 학명은 코니움 마쿨라툼Conium maculatum 이다. 독당근에 심하게 중독되면 우선 어지럼증과 구토, 설사 증세가 나타나고 몸이 으슬으슬 추워지면서 감각이 서서히 없어지다가 마비 증세가 나타난다. 마비는 다리에서 시작해서 언어 장애로 발전한다. 5시간 안에 심폐 기능이 정지되면서 죽음이 찾아온다.

아마 소크라테스도 그렇게 죽었을 것이다. 플라톤의 『크리톤』에는 소크라테스의 최후가 좀 더 평온한 모습으로 그

려져 있다. (아마 독당근을 포도주와 아편으로 희석시켰을 것이다.) "그는 이리저리 왔다 갔다 하다가 사지가 무거워지는 걸 느낀다면서 독배를 들고 온 간수의 지시대로 바닥에 누웠다. 간수가 몸을 만져 보고 발과 다리도 살폈다. 그는 발을 세게 누르며 느낌이 오냐고 물었다. '아니오.' 소크라테스가 말했다. 간수는 종아리에서 위쪽으로 더듬어 가면서, 몸이 차츰 식어 가고 굳어지고 있음을 보여 주었다. 그리고 다시 몸을 만지며 이 상태가 심장까지 번지면 죽을 거라고 했다. 하반신은 이미 차갑게 굳은 상태였다. 그때 소크라테스가 온몸에 덮고 있던 이불을 걷어 내리며 말했다. '크리톤, 우리는 아스클레피오스에게 닭 한 마리를 빚지고 있다네. 그걸 잊지 말고 꼭 갚아 주게나.' 이것이 그의 마지막 말이었다.

'그렇게 하겠습니다.' 크리톤이 대답했다. '그 밖에 또 하실 말씀은 없으신지요?'

아무 대답이 없었다. 그러고는 잠깐 움직여 보였다. 간수가 이불을 덮어 주었다. 소크라테스의 눈빛은 이미 꺼져 있었다."

⚜

그리스 사람들은 아스클레피오스를 신으로 숭배했다. 병이 나은 사람은 이 신에게 감사의 제물을 바쳤다. 그렇다면 소크라테스의 마지막 말에는 철학의 모든 것이 담겨 있다. 삶은 도피이자 질병, 죽음은 귀향이자 구원, 진정한 삶은 형체 없는 인식이자 순수한 사랑이니, 이런 사랑은 오직 죽음의 피안, 이데아의 왕국, 신의 왕국에만 있다.

시대를 막론하고 이런 믿음은 빛 바랜 꽃을 피웠다. 중세에도 바로크 시대에도, 그리고 헤르만 헤세가 이렇게 노래한 20세기에도.

> 죽음의 시간이 새로운 공간으로
> 우리를 젊게 보내 줄 것이고,
> 우리를 부르는 삶의 목소리는 그치지 않으리니 …
> 자, 가슴아! 이제 작별을 고하고 건강하여라!

❧

최근 심폐소생술이 발달함에 따라 죽음에 대한 긍정적인 해석을 뒷받침해 주는 증언들이 날로 늘어 가고 있다. 좋다, 증인들이 **완전히 죽었던** 사람은 아니라는 걸 인정한다 해도, 그래도 잠시나마 경계를 넘나들었던 사람들이다. 관뚜껑 사이로 손가락 하나 내밀고 있었다고나 할까.

죽었다 살아난 사람들의 증언에는 대개 한 가지 공통점이 있다. 죽음은 전혀 고통스럽지 않으며 죽는 순간 오히려, 말로 표현할 수 없는 행복을 느꼈다는 것이다. 죽는 사람은 자신의 몸을 빠져 나와 어두운 터널 속으로 추락한다. 터널 끝에서는 천상의 빛이 그를 맞이한다. 가없는 평화와 원 없는 환희가 그를 감싼다.

사후 세계 체험담 하나: "갔더니, 우리 할배, 할매, 얼마 전에 자살한 삼촌까지 온 일가친척이 거기 다 있더라. 다들 반갑게 날 맞아 주더라. 할배, 할매는 흰옷을 입고 … 두건을 쓰고 계셨는데 … 내가 마지막 뵈었을 때보다 훨씬 건강해 보이더라, … 정말, 정말 행복하더라."

사실, 일가친척 상봉이 **매번** 그렇게 황홀한 행복의 이유가 될 것 같아 보이지는 않지만, 그건 그렇다 치고, 생물학자들은 이런 유의 가사假死 체험에서 형이상학적 결론을 이끌어 내는 것을 당연히 반대한다. 이런 증언들이 주관적으로는 진실이고, 자기네끼리는 서로 받쳐 준다 할지라도 그로써 증명된 사실은 전혀 없다. 도취, 빛의 환시, 탈혼 ― 이런 '라자로 신드롬'은 환각성 마약을 복용했을 때도 나타난다. 죽는 순간에는 스트레스 호르몬이 과다하게 분비된다. 고열로 인한 환각 증세를 모르는 사람은 없다. 중환자실은 약으로 넘쳐난다. 심부전증의 경우에서 보듯, 뇌의 산소 부족은 망상을 유발한다. 죽는 순간에 정신이 멀쩡하다면 그건 차라리 기적일 것이다.

그렇다면 가사 체험이 전하는 저 매혹적인 피안의 풍경들은 결국 뇌의 오작동에 불과했단 말인가? 대뇌변연계의 광란이고, 영혼에게 나락을 보이지 않으려고 사신死神의 명령에 따라 육체가 쏘아 올린 마지막 폭죽이었는가?

어쨌든 죽음과 한번 대면하고 난 후에는 삶의 자세가 현격히 변한다. "많은 경우 놀랍도록 초연해지고 겸손과 경탄의 염을 품게 된다. 죽음을 의식하는 정도가 고조되지만 그렇다고 의기소침해지지는 않는다. 오히려 삶의 가치를 더욱 절실히 깨닫게 된다." 지혜를 얻는다는 점에서, 죽음은 차량 충돌 사고와 같은 효과를 낳는다. 죽음의 나락에서 빠져 나온 사람은 행복하다. 삶에 대한 집착과 죽음에 대한 불안 대신 "삶의 기쁨, 물질에 대한 초연함, 자신감의 증가, 독립심과 목적의식, 홀로 있음과 명상에 대한 열망, 자연에서 느끼는 기쁨, 관용, 타인에 대한 동정심 등이 생긴다".

나도 비슷한 경험을 했다. 심장수술 후 돌아온 세계는 내가 떠났던 세계와 달랐다. 겉으로는 비슷해 보이지만, 이 세계는 의미와 긍정의 힘으로 충만했으며 내면에서 "빛을 발했다". 순수 존재의 따뜻하고 놀라운 빛이었다.

우리한테도 있다. 나는 주위의 사람들을 둘러본다. 남자, 여자, 학생, 퇴직자, 베스터슈테데(니더작센 주에 있는 도시 — 역자 주) 사람들. (헷갈려 올덴부르크에 오는 일본 관광객은 매우 드물다.) 나의 눈길에 그들은 잔잔한 웃음으로 화답해 주었다.

⚜

소크라테스는 죽음을 앞두고, 오르페우스와 호머와 그 밖의 다른 거장들을 저 세상에서 모두 만나 이야기 나눌 수 있게 되었다며 기뻐했다. 나는 누구와의 만남을 기뻐할까? 소설 『이반 일리치의 죽음』에서 죽음을 가장 진실되게 묘사한 레오 톨스토이, 자살 옹호론을 쓰고 나서 "당신은 왜 자살하지 않는가?"라는 비난에 "좀 참고 기다려 보라!"고 응수했던 장 애머리(나치에 저항했던 유대계 오스트리아 작가 — 역자 주), 그리고 무엇보다도 철학의 원조들, 그들 모두와 오래도록 이야기 나누고 싶다. 소크라테스가 적절히 지적했듯이, 죽은 사람은 결코 두 번 죽지 않겠기에.

더 알고 싶은 분들께는 미국 의사 셔윈 널랜드의 『몸의 지혜』(사이언스북스 2002)를 권한다.

11

자 유

혹은

그 대 는 당 구 공 인 가

의지의 자유란 깬 의식으로 삶을 이해하는 것.
자신이 살아 있다고 느끼는 사람은 자유롭다.
그리고 자신이 살아 있음을 느낀다는 것은 곧
제 삶의 법칙을 지키려 애쓴다는 것.

· 레오 톨스토이

"자유롭다"frei라는 말에는 만화경처럼 많은 의미가 담겨 있다. 공짜 맥주Freibier라고 다 무알코올성alkoholfrei 음료는 아니다. 여자가 옷을 벗는다sich frei machen고 다 남작 부인 Freifrau이 되지는 않는다. 상병Gefreite은 종일 벙커에 앉아 있는데, 오히려 죄수는 야외에서im Freien 일한다. "자유롭다"의 반대는 뭘까? 억압하다? 유료? 자리가 찼다?

어원 사전을 보니 원래 "자유롭다"는 말은 "사랑스럽다" 는 말과 거의 같은 뜻을 가지고 있었다. "자유로운 사람 들"이란 친하게, 즉 대등하게 교제를 나누는 사람들이었 다. 그 원래 뜻은 아직도 "매춘부의 고객"Freier이란 말에 남아 있고, "금요일"Freitag이란 말에도 간접적으로 남아 있 다. 한 주의 다섯째 날이라고 일이 없을arbeitsfrei 까닭이 있 겠는가. 금요일Freitag은 옛 게르만의 사랑의 여신 프리야 Frija의 이름에서 비롯된 것이다.

이 자랑스런 말, "자유롭다"는 원래 상류 사회의 언어 로, 상류층의 "사랑스런" 구성원들을 서로 결속시키고, 그 들을 평민·농노·노예와 구별 짓는 모든 것들과의 동의어 였다. 이 말은 곧 경제적 독립과 정치적 자율, 그리고 교 육과 여행을 통해 비교적 계몽된 사고를 의미했다. 누구나 자유를 갈망했겠지만 어차피 자유롭게 태어나지 않은 바에 야 이 목표에 이르는 길은 오직 세 가지밖에 없었다. 첫째 는 대사면의 길. 이 길에는 노동과 불확실성이 멍에처럼 따라다녔다. 둘째는 도주의 길. 하지만 반드시 도망갈 곳이 있어야 했다. 셋째는 반역의 길. 이 길의 끝은 대개 공동묘지였다.

자유를 잃은 자들은 위안과 수덕을 위해 두 종류의 철학을 고안해 냈다. 그 하나가 현실도피의 철학, 수인들의 애창곡이었다. "생각은 자유 …, 그래, 어둔 감옥에 날 가둬도 모두 헛수고. 내 생각은 장벽을 가르지. 생각은 자유!" 성적 상상과 함께라면 셔츠를 다리는 일조차 즐거운 법.

또 하나의 철학은 루소의 저 유명한 말이 대변한다. "인간은 자유의 몸으로 났는데 온통 사슬에 묶여 있다." 이를 도화선으로 프랑스 혁명과 러시아 혁명이 일어났다. "형제들이여, 태양으로, 자유로!" 이에 따르면 자유는 인간이 부당하게 침탈당한 유산이므로 인간에게는 모든 수단을 동원해 이를 되찾을 권리가 있다. 이 생각의 뿌리에는 종교가 있었다. 십계명에는 귀족의 특권을 허용하는 조항이 없고, 하느님의 피조물은 논리적으로 볼 때 모두 형제자매라는 것이다. "아담이 밭을 갈고 하와가 실을 잣을 때 귀족이 어디 있었단 말인가?" 14세기 영국 사제 존 볼은 이런 말을 했다가 성서를 지나치게 말 그대로 해석했다는 이유로 교수형을 당했다. 하지만 1381년(와트 타일러의 난: 인두세와 영주제에 대한 반발로 야기된 영국 최대의 농민반란 ― 역자 주), 1789년(프랑스 혁명), 1917년(러시아 혁명)의 희망이 언젠가 실현되어, 우리가 그리스도교나 공산주의의 유토피아에 살게 된다면 ― 그러면 우리는 자유로워질까?

이와 관련해서 데이빗 흄이 제기한 의혹은 정당하다. "모든 의지 행위의 마지막 창조주는 바로 세계의 창조주다. 그는 이 엄청난 기계 장치를 맨 처음 작동시켰고, 모든 존재를 어떤 특별한 상태에 있도록 했다. 그 후 모든 사건은 **피하지 못할 필연성으로** 그 상태에 따라 일어날 수밖에 없었다." 세계가 인형극이고, 인형을 조종하는 거대한 존재가 신이라면, 우리의 행동과 사고는 자유롭지 못하다. 그렇다. 꿈조차 우리 것이 아니다.

⚜

내친김에 꿈 이야기 하나.

"피고, 마지막으로 할 말은 없는가?"

정황은 불리했고 변호사는 눈길을 피했다.

나는 입을 열었다. "재판장님, 자백합니다. 예, 제가 발트만을 독살했습니다." 순간 방청석이 웅성거렸다. "그러나 무죄판결을 요구합니다. 제게 자세한 진술을 허락해 주십시오." 판사는 지루해했다. "세계는 사물들의 집적이 아니라 사건들의 연속입니다. 한 사건은 다른 사건의 꼬리를 물고 일어납니다. 세계는 냉정한 법칙성이 지배하는 영원한 인과의 행렬입니다. 우리의 지력이 무한하다면, 우리는 세계의 발전 과정을 빅뱅에서부터 현재에 이르기까지 빠짐없이 재구성할 수 있을 것이며 미래의 발전 양상도 신빙성 있게 예측할 수 있을 것입니다. 충돌한 당구공의 궤적을 정확히 계산해 낼 수 있듯이, (어쨌거나 이론상으로는) 거대한 원자 당구인 세계의 발전 경로도 계산해 낼 수 있기 때문입니다." 판사는 못마땅한 표정으로 내려다보고 있었다. 나는 개의치 않았다.

"인간은 소규모 세계입니다. 인간도 인과 법칙의 지배를 받습니다. 손가락을 내밀면 아기는 반사적으로 움켜쥡니다. 맛있는 사과를 한입 깨물면 입안에 침이 고입니다. 모욕을 당하면 아드레날린이 분비되면서 화가 나고, 그 순간만큼은 잘 받은 교육도 별 소용 없습니다. 유념하십시오! 교육도 행동에 영향을 미칩니다. 도덕적 계명, 습관, 존경하는 인물 등이 우리 인격 전반에 영향을 미칩니다. 감정과 사고와 행위는 외적 요소와 내적 성향에 의해 형성될 수밖에 없습니다. 그리고 내적 성향은 유전적 기질과 교육의 산물입니다." 판사는 하품을 했다.

"따라서 저는 **무죄**를 끝까지 주장할 수밖에 없습니다. 저는 발트만을 독살했습니다. 맞습니다. 하지만 그건 제 **자유의지**의 결과가 아니었습니다. 저는 오히려 **결정인자**의 희생물입니다. 냉엄한 인과성 때문에 어쩔 수 없이, 저는 사건 당일 개밥에 독을 타도록 태어날 때부터, 아니 빅뱅의 순간에 이미 정해져 있었던 겁니다. 썩은 나뭇가지가 폭풍에 부러지면서 행인을 때려죽이듯이 그렇게 저도 발트만을 죽인 것입니다. 그렇다고 이 일로 나무가 처벌을 받습니까? 아니지요. 여기엔 그럴 만한 이유도 있습니다. 만사가 알라의 뜻이고, 섭리고 운명이며, 신의 프로그램입니

다. 그렇게 될 수밖에 없어서 그렇게 되는 것입니다. 오이
디푸스 왕의 절규를 생각해 보십시오. '정말이지 나는 내
가 저지른 잘못에 비해 훨씬 더 심한 고초를 겪었다.'"

나는 자리에 앉았다. 판사는 날 호되게 씹더니 배심원들
과 함께 퇴장했다. 그때 어디선가 흐느끼는 소리가 들려
나는 잠에서 깼다. 저 아래 마당에서 이웃집 개 발트만이
끙끙거리고 있었다.

⚜

철학에서 자유의지 문제는 줄기차게 제기되어 왔다. 프랑
스 천문학자 라플라스는 우주의 모든 임의의 상태는 물리
학의 법칙에 따라 다른 임의의 상태로부터 설명될 수 있다
고 주장함으로써 이 문제를 도마 위에 올렸다. 별들에 적
용되는 법칙이 물질 일반에 보편적으로 적용되지 못할 까
닭이 어딨겠는가? 사람도 물질이 아니던가?

천지간 만사를 뜻있게 운용하는 섭리에 대한 믿음은 매
우 오래되었고 온 문화권에 두루 퍼져 있다. 스토아 철학
자들은 숙명fatum, 즉 "운명의 신탁"에 삶을 맡겼다. 아랍
어 키스멧Kismet은 바꿀 수 없는 운명에 순종하는 것을 뜻
한다. 버스가 늦게 와도 전쟁이 터져도 다 "알라의 뜻"이
다. 옛 인도의 『바가바드기타』에 이르기를:

진실로 세상에는
자연의 힘들만이 움직이나

자의식에 눈먼 바보는

제 스스로 움직이는 줄 안다.

어쩌면 우리는 신들의 컴퓨터 게임에 등장하는 가상의 영웅이 아닐까? 혹시 세계가 방대한 심리·물리적 프로그램은 아닐까? 아니면 신이 미리 찍어 두었다가 지금 보고 있는 비디오 필름일까? 우리 인간은 세계라는 '화면'에서 활동하고, 우리의 생각과 행동은 이 허상의 세계에 사로잡혀 있다. 우리는 촬영되던 때를 기억하지 못하여 스스로 자유롭다고 믿는다. 우리 행동 하나하나, 이 글조차도 이미 각본에 쓰인 대로다. 감독은 가끔 같은 장면을 두 번 보기도 한다. 그럴 때 우리는 희미한 데자뷔Déjà-vu 현상(현재의 체험을 과거 언젠가에 이미 한 듯한 착각 — 역자 주)을 체험한다.

⚜

비디오 비유는 신학적 문제 두 가지를 단칼에 해결한다.

예정론: 신이 미래를 알고 있다면 미래는 결정되어 있음에 틀림없다. 논리적으로 그렇지 않을 수 없다. 하지만 미래가 확정되어 있다면 신의 권능은 어떻게 되는가? 신은 자신의 비디오가 돌아가는 것을 속수무책으로 지켜보고만 있어야 한다. 그래서 신은 무력하다.

해답: 세계사가 비디오 영화라면 감독(신)은 영화의 일부가 아니며, 상영 시간을 초월해 있다. 신은 비디오를 마음대로 틀 수도 있고, 필름의 일부를 (노아의 홍수 같은

걸로) 지워 버릴 수도 있고, 새 장면을 편집해 넣을 수도 있고, 필름을 통째로 쓰레기통에 처박아 버릴 수도 있다.

신정론神正論: 사랑으로 충만한 신이 만사를 주관한다면 어째서 온 세상은 악으로 물들어 있는가? 왜 일상은 살인으로 넘쳐나는가?

해답: 진짜 평화주의자도 가끔은 모험 영화가 보고 싶은 법. 신이라고 왜 액션과 음모가 재미없겠는가? 또, 최후의 일각까지 물고 늘어져 줄 악당도 없는 주인공이 어딨겠는가? 닥터 노No 없이 제임스 본드 혼자 뭘 하겠는가? 고통은 엄격한 시험이다. 우리를 만드는 것은 불행이다. 우리가 불행을 극복해 내면 불행은 보은의 뜻으로 우리 인격을 고양시켜 준다.

⚜

제임스 본드 이야기가 나왔으니 말인데, 007 영화는 매 시리즈마다 충격적인 볼거리를 제공한다. 첨단 무기와 신선한 본드 걸이 그것이다. 그러나 기본 패턴은 늘 그게 그거다. 제임스 본드는 파블로프의 개처럼 반응한다. 미녀와는 반사적으로 연애하고, 위험에는 냉혹하게 대처한다. "서방 자유의 수호자" 본드는 인간으로서도 자신의 배역에 얽매여 있을까? 본드 같은 사람이 갑자기 공산당에 가입할 생각을 한다면 참으로 황당할 것이다. 마찬가지로, 그런 사람이 여자를 꼬실 때마다 매번 똑같은 말만 써먹는다면 그 또한 우스운 짓일 게다. 우리는 금방 알아볼 수 있으면서도 늘 조금씩 다른 모습을 보여 주는 그런 본드를 원한다. 본드는 우연의 원리에 따라 행동해서도 안 되고, 너무 판에 박은 행동을 해서도 안 된다. 주변 친구들이든 제임스 본드든 늘 한결같으면서도 가끔씩 변모하는 그런 모습이 좋다.

하지만 이런 설명이 "본드는 자기 역할의 포로인가"라는 물음에 대한 답은 아니다. 내 생각에는, 본드도 여느 보통 사람과 별다를 바 없을 것 같다. 누가 나를 몇 주 동안 지켜본다면 내게서도 제법 다채로운 일상을 발견할 것이다. 나는 고서점 "책상자"를 지날 때마다 꼭 철학 분야의 서가는 두루 훑어본다. 미미하지만, 연애 반사신경도 아직 죽지는 않았다. 따라서 나를 지켜보는 사람은 상황에 따라 내 행동을 무난히 예측할 수 있을 것이다. 그는 내 행동에서 모종의 법칙(M이 고서점 "책상자"를 지날 때는 반드시 책방 안에 들어간다)을 도출해 낼 수 있을 것이며, 내가 일종의 '자동 도서 수집기'(겸 '예쁜 여자 밝힘기')라고 추측할 것이다.

하지만 내가 **겉으로** 그렇게 움직인다고 **내면의** 자유조차 없을까? "책상자"를 뒤지는 건 내가 자유롭게 결정한 일이었다. 내가 스스로 이 '법칙'을 만들었다. 그렇다. 이 법칙은 곧 **나 자신**이며, 내 인격의 일부이자 내 자유의 표현이다.

자유의지와 결정론을 둘러싼 논쟁이 끊임없이 야기되는 것은 아마 '법(칙)'이라는 말의 이중적 의미 때문일 것이다. 실정법은 어떤 행위를 명하거나 금한다. 위반하면 처벌받는다. 그러나 자연 '법'은 근본적으로 다르다. 자연법은 어떤 것도 명하거나 금하지 않는다. 아무도 지구에게 365일 내로 태양을 한 바퀴 돌라고 말하지 않았다. 지구에게 내일부터는 돌지 말라고 금한 사람도 없다. 내일 지구가 공전을 멈춘다 해도 케플러의 법칙 말고는 아무것도 깨지지 않는다. 지구가 블랙홀에 빠지는 것을 막으려고 우주 경찰이 출동하지도 않을 것이다. 자연과학자들의 "법칙"은 사건의 **기술**記述일 뿐 강제 규정이 아니다.

그렇다면, 내가 규칙적으로 "책상자"를 들락거렸다면 이는 자연과학자의 "법칙"에 따른 것이고 나의 자유의지에서 비롯된 것이다.

✤

친구들은 내가 책 **중독**이란다. 물론 중독이 자유의지에 어느 정도 영향을 미치는 건 사실이다. 하고한 날 "오늘은 책 안 산다!"고 다짐하건만, 한 시간 뒤 "책상자"를 나올 때는 열 권짜리 플라톤 전집이 배낭에 들어 있다. 이번에도 **그것이** 나보다 셌다.

그래도 나는 파블로프의 개보단 낫다. 그놈은 자기가 조건반사적으로 행동하는 줄도 모르고 그것을 거부할 필요도 느끼지 못하지만, 나는 다르다. 나는 내 인격을 억압하는 암적 부자유, 중독에 맞서 싸울 수 있다. 오디세우스는 사이렌의 노래를 견디려고 돛대에 자기 몸을 붙들어 매게 했다. 내 경우는 "책상자"를 멀찌감치 피해서 돌아가거나, 그것도 안 되면 그린랜드로 이민 가 버리면 된다. 내 중독 증세를 있는 그대로 파악하는 순간, 내 자유는 다시 살아난다. 나는 중독을 받아들이거나 거부할 수 있다. 자유든 예속이든 내가 선택할 수 있다. 이쯤에서 나는 공직자를 소재로 몇 마디 설명을 덧붙여도 되고 말아도 된다. 어차피 나는 **자유**기고가다. 이 장을 어떻게 쓰건 누구도 이래라저래라 할 수가 없다.

생각난 김에 물리학으로 건너뛰어 볼까나. 저런! 내 맘대로 건너뛰는 일이 어떻게 가능할까? "자연은 비약하지 않는다"는데, 그렇다면 내 두뇌는 **자연을 거역**하는 셈인가? 내 두뇌는 뉴턴 물리학의 원리에 따라 움직이는 것이 아니다. 그것만은 확실하다. 뇌는 시계도 컴퓨터도 아니다. 도무지 **예측 불능**이다. 모든 뇌세포를 하나하나 분리해서 재고 달고 분석한다 해도, 뇌의 전기 자극과 화학 반응을 전부 알아낸다 해도, 거기서 건질 건 하나도 없다. 어떻게 정신이 물질에서 나와 섬광처럼 **생각이 떠오를** 수 있을까 하는 의문은 상당 기간 풀리지 않을 것이다.

아마 우리는 이를 영원히 알 수 없을지도 모른다. 원자핵이라는 지성소至聖所가 어떻게 생겼는지 모르기도 매한가지다. 사실 의식 현상과 양자역학 간에는 놀라운 상사성相似性이 있다. 우리가 결정을 내릴 때 느끼는 자유가 하이젠베르크의 불확정성 원리와 과연 유사할 수 있을까? 내 대뇌피질 어느 부분에 있는 양자의 돌연한 천이遷移가, 느닷없이 물리학으로 건너뛴 내 행위를 유발시켰을까? 쿼크와 글루오넨 사이 어디쯤엔가 자유의지가 있을 거라는 자연과학자들의 추측은 과연 옳을까? 나는 모르겠다. 결정론이 뭐라든 내가 자유의지를 사용하고 있다는 사실, 이것만이 내겐 확실할 뿐이다.

대단해! 정말 우리는 자유로운 거야! 모든 충동과 행동의 각인(콘라드 로렌츠의 이론. 생후 짧은 기간 동안 보이는 모방 행위 — 역자 주)에도 불구하고! 교육받고 조작되어도! 존재가 의식을 규정해도! 자유롭다! 고맙다, 양자야! 멋져! 아무렴, 우린 자유로울 수밖에 없어! 신난다! 하고 싶은 일만 하고, 원하는 일만 하고 싶어 하자! 나쁜 일만 아니라면!

하지만 옥에도 티는 있다. 자유의 티는 자유에 따르는 의무다. 재능을 낭비하거나 헐값에 팔지 말라. 세심히 다루고 존중하라. 내 친구 서재에 걸린 횔덜린의 시 한 수.

신들이 이르시되, 사람아,
강건한 마음으로
범사에 감사하기를 배웠는지
제대로 살피거라. 그리고,
원하는 곳으로 길 떠날
자유를 깨달으라.

자유를 깨닫기란 쉬운 일이 아니다. 요즘은 자유Freiheit와 **여가**Freizeit를 자꾸 혼동한다. 여가는 완전히 다른 것이다. 여가는 의무로부터의 자유고, 자유는 **의무를 다하기 위한** 자유다. 여가 때는 놀고 싶지만, 자유로울 때는 본질에 집중하려 애쓴다. 여가는 삶의 과제에서 벗어나는 것이지만 자유는 삶의 목표과 의미와 과제를 추구하는 것이다.

누구에게나 개인적인 삶의 과제가 있거니와, **딱 한 가지**, 우리 모두에게 주어진 공통의 과제도 있다. 자유의지도 언젠가는 스스로를 부정해야 한다는 것이다. 우리가 삶이라는 나무에서 시든 낙엽처럼 떨어질 수 있도록.

⚜

선고 직전까지 나는 다시 잠이 들었다. 판사가 판결문을 읽었다. "어쩌구, 어쩌구 … 모든 기소 사항은 이미 그렇게 되도록 결정되어진 것이므로 무죄다. 따라서 피고에게 종신 자유를 선고한다."

"잠깐!" 나는 소리쳤다. "그러시면 안 됩니다!"

"아니오!" 판사는 조소하듯 말했다. "나는 달리 판결할 재간이 없소. 이미 그렇게 결정되어 있소."

더 알고 싶은 분들께는 Ulrich Pothast가 펴낸 *Seminar: Freies Handeln und Determinismus* (Frankfurt/M 1978)을 권한다.

12

놀 이

혹은

파 리 들 의 주 인

영원한 삶은 장기 두며 노는 어린아이 같은 것. 권세는 어린아이의 것이다.

· 헤라클레이토스

명심하라. 그대에게는 정해진 극중 배역이 있다. 단역이든 주연이든 그대는 그 역을 맡아야 한다. 거지든 불구자든 왕이든 시민이든 그대는 주어진 배역에 맞게 연기해야 한다. 그대의 임무는 역할에 충실하는 것뿐이다. 배역을 선택하는 일은 다른 사람의 손에 달렸다.

· 에픽테토스

지금 온 세상에 굉장한 체스가 벌어지고 있어, 세상이 체스 판이라면 말야. 야! 얼마나 재미있을까! 나도 체스 판에 낄 수 있다면! '졸'로라도 낄 수만 있다면! ― 물론 '여왕'이면 금상첨화겠지만.

· 루이스 캐롤 『이상한 나라의 앨리스』

게임방이 우후죽순처럼 생겨난다. 텔레비전 오락 프로그램도 점점 늘고 있다. 심리 치료팀들은 역할연기를 통해 도박중독증을 치료하는 전략을 개발했다. 컴퓨터 게임이 버전업될 때는 가상과 현실의 경계가 어느 정도 모호하냐 하는 것으로 화질의 완성도를 따진다. 국제 금융시장이 카지노 법칙에 따라 돌아간다는 말도 있다. 세계 경제에서 내로라하는 사람들은 자칭 '글로벌 플레이어'다. 독일 수상이 「내기할까요?」(독일 국영방송 ZDF의 오락 프로그램 — 역자 주)에 출연했다. 더 물을 것도 없다. 진지함은 이미 옛이야기고, 게임이 호경기를 맞았다. 엄밀한 학문마저 게임의 홍수에 휩쓸렸다. 1944년 『게임이론과 경제 활동』이라는 두꺼운 책이 프린스턴에서 출간되었는데, 이 책에서 저자 존 폰 노이만과 오스카 모건스턴은 복잡한 상황에서 나타나는 합리적 행동의 문제를 수학적으로 정확하게 연구했다. 게임 언어로 표현하면 이렇다. "주어진 규칙하에서 어떤 전략이 게임에 더 유리한가?" 이 책은 게임이론이라는 철학의 새 분야를 개척했다.

놀이가 학습 방법에 미친 영향은 지대했다. 시작은 놀이방 장난감에서부터였다. 학교에서는 교사 중심의 주입식 수업이 '스스로 탐구하는 학습'으로 대체되었다. 문제를 어떻게 해결할까 하는 호기심은 오류에 대한 두려움을 없애 주었다. 아이들은 컴퓨터를 놀이 삼아 배운다. 어른들의 체계적인 공부는 왠지 케케묵고 갑갑해 보인다. 천재들은 이미 알고 있었다. 사고 혁신이 필요할 때는 집짓기 놀이를! 백 번 생각만 굴리기보다는 한 번 해 보는 게 낫고, 계속 하다 보면 물리도 트이느니.

이런 경향은 철학책에도 나타난다. 아직도 현학적 학풍이 말가죽처럼 질기지만, — 대서양 건너편에서 특히 — 유쾌한 사유의 곡예가 한바탕 벌어지고 있다. 진리만 구할 수 있다면야 '밀렵'인들 못하랴! 선시禪詩나 입자물리학이 그러하듯 공상과학 소설도 사물을 통찰하는 데 나름대로 기여한다. 모방도 말리지 않는다! 더글라스 호프스태터의 『괴델, 에셔, 바흐』 같은 책은 — 기지와 재미로 가득 찬 플라톤의 『대화편』 이후 2500년 만에 — 철학에서 놀이를 복권시켜 놓았다. 얼마나 멋진 일인가.

⚜

그렇다면 놀이Spiel라는 것이 무엇인가?

영향력 있는 '놀이 철학자' 요한 호이징가는 놀이 개념의 경계를 이렇게 설정하자고 제안했다. "모양새로 보면 놀이는 … 자유로운 행위라 할 것이다. 놀이는 '어? 그게 아닌데?' 하는 느낌, 일상을 벗어나 있는 것 같은 느낌을 주면서도 사람을 완전히 사로잡는 행위다. 물질적 이익이나 실용성과는 무관하고, 특정 시공간 내에서 정해진 규칙에 따라 진행되며 놀이 동아리가 엮어지기도 한다. …"

놀이에 대한 이 간단한 스케치는 대체로 쉽게 납득이 된다. 이제 놀이의 몇몇 변형을 예로 들어 살펴보자.

연극Schauspiel은 단연 일상에서 벗어난다. 무대라는 세계와 상연 기간의 제약을 받는다. 옛 연극은 주로 가면극이었고 대사는 예술계의 관용어, 운문이었다. 지금도 전문 배우들은 흔치 않다. (그래도 누구나 약간씩은 연기를 해 봤을 것이다. 엄밀히 따지면, 극장마다 **두 종류의** 연극이 상연된다. 관객을 위한 무대 위의 연극, 사교를 즐기려고 서로들 짐짓 연기를 섞어 연출하는 관객들의 '밤나들이'. "보려고도 오지만 보여 주려고도 온다." — 오비디우스.)

"물질적 이익에는 관심이 없다"? 생각해 보자. 말론 브란도는 대사 한 마디당 백만 달러를 요구한다. 이래도 연극이 '보고 노는 **장난**'Schau-*Spiel*이냐?

올림픽 경기die Olympischen Spiele 역시 스펙타클하다. 연극이 그랬듯이 올림픽도 원래는 제의祭儀였다. 성화, 선서, 오륜 마크가 상징하는 평화, 이 모두가 제의의 전통을 이어받은 것이다. 전 세계 참가 선수들은 선수촌이라는 유토피아에서 산다. 경기는 세상과 동떨어진 작은 공간을 시공 속에 만들어 낸다. 그럼에도 불구하고 무대 연극과 스포츠 사이에는 본질적인 차이가 있다. 무대와 콘서트홀에서는 표현을 위해 분투하고, 경기장에서는 승리를 위해 싸운다. 금메달은 승자의 몫이고, 패자는 빈손으로 돌아간다. 극장에서는 맞서 싸울 일이 없고 서로가 어우러져 연기한다.

그럼, **"물질적 이익에 대한 관심"**이 올림픽에서는? 이 시대의 '코카콜라 올림픽'은 폭발적인 돈잔치가 되어 버렸다. 하지만 부정과 도핑이 난무하는 경기장에도 페어플레이 정신은 살아 있을 거라고 믿고 싶다. "승부를 가르는 건 오직 실력뿐." 말론 브란도가 카메라 앞에서 대학 연극의 햄릿처럼 진지한 연기를 하는 건 불가능한가?

인도·페르시아 왕의 놀이, 체스의 역사는 천 년이 넘는다. 지금까지 우주의 원자를 합친 것보다 많은 대국對局이 있었다는데, 똑같은 판세가 반복된 경우는 한 번도 없었다 한다. 가로 세로 여덟 칸의 체스 판도 무대나 스타디움만큼이나 마력적인 곳이다.

원래 체스 판은 전쟁터를, 말은 보병·기병·전차·전투용 코끼리와 같은 병기류를 본뜬 것이었다. 중세의 "체스 교본"은 체스를 봉건 질서와 신분의 상징으로 해석하고 있다. 체스는 시대마다 다르게 해석되었다. 철학자이자 체스 세계 챔피언이었던 엠마누엘 라스커는 체스에서 인식을 위한 학적 투쟁의 전형을 보았다. "창조적 인간의 적수는 문제의 난해성, 제기된 과제, 비유컨대, 자연이다."

체스에 대한 가장 시적인 해석은 중세 페르시아 시인의 것이다.

세상은 밤낮이 엇갈린 체스 판,
운명이 인간을 앞뒤로 움직이고,
이리저리 밀고 잡다가,
종국에는 곽 속에 넣어 버린다.

체스 판의 희고 검은 무늬와 말은 생사·선악의 이원론을 상징한다. 빛의 군대는 흑암의 권세와 맞서 싸운다. 체스는 우주적 게임이지 아이들 장난이 아니다.

⚜

연극, 스포츠, 체스 — 놀이의 이 세 가지 변형에는 호이징가의 정의가 어지간히 들어맞는다. 이 정의가 적용되지 않는 놀이도 있다. 가령, 말장난Wortspiel은 특정 규칙을 따르지 않는다. 그 반대다. 성희Liebesspiel는 더하다. (바라건대!) 표정 변화Mienenspiel는 늘 한곳에서 일어나지만 시작도 끝도 없다.

매우 특이한 건 말놀이Sprachspiel. 이 개념을 정립한 사람은 루드비히 비트겐슈타인이다. 그는 언어도 행위의 일부요 삶의 형식이라 못 박았다. 사람들이 언어를 사용하는 상황에 따라 언어는 각각 다른 규칙을 따른다. "수수께끼", "옛날 이야기", "사용 설명서" 등, 말놀이는 수없이 많다. 예를 들어, "농부(졸)"가 체스와 스카트(세 명이 32장의 카드를 가지고 하는 카드놀이 — 역자 주)에서 각기 다른 역할을 하듯이, "아버지"라는 표현도 가정 법원에서 쓰여질 때와 기도할 때 각각 다르게 기능한다.

비트겐슈타인은 "관념론 철학"이라는 말놀이에 특히 주목한다. 그에 따르면, 이 놀이는 참가자들을 돌게 만드는 특징이 있는데, 이때 참가자들은 낱말들을 "문자 그대로" 받아들여 해당 말놀이 규칙에서 이탈하도록 훈련받는다.

사실, 문맥이나 상황과는 무관하게 한 낱말이 "그 자체로" 하나의 의미만 지닌다고 우기는 사람은, 체스에서 졸두 개를 어떻게든 상대 보드 끝까지 이동시켜 "여왕으로 승격시키겠다"고 뻗대는 사람만큼이나 멍청하다.

"놀이(게임)"라는 낱말을 예로 들어보자. "관념론 철학"이라는 말놀이의 규칙에 따르자면, 놀이에 대해 제대로 말하기 전에 먼저 이 말에 대한 정의를 내려야 할 것이다. 이 정의가 **놀이의 본질**을 규명할 테니까. 살폈다시피, 호이징가는 많은 노력을 기울였지만 **모든** 놀이가 공유하는 한 가지 본질적 특성을 밝혀내는 데는 실패했다.

그래서 비트겐슈타인은 철학의 놀이 규칙을 개정하라고 요구했다. "놀이 규칙들 간에 뭔가 공통점이 **있어야 한다**고, 그렇지 않고는 그것들을 놀이라 하지 못할 거라고 말하지 말라. 그 모두에게 공통되는 것이 있는지를 **보라**. 보면, 그 **모두**에 공통되는 요소는 아니지만 유사성과 관련성들은 줄줄이 보일 것이다. 말했듯이: 생각하지 말고 보라! … 이러한 특징은 '가족 유사성'이라는 말로 가장 잘 표현된다. … '놀이'는 가족을 형성한다."

체스의 "농부(졸)"를 스카트의 "농부"와, 할아버지를 사촌누이와 같이 놓고 볼 수 없듯이, "놀이" 같은 개념의 다양한 면면들도 세심히 구분되어야 한다. 핵심은 정확한 관찰이다. 플라톤의 아카데미 입구에 나붙은 글: "기하학을 모르는 사람은 들어오지 말라." 비트겐슈타인의 강의실이라면 이런 문구가 어울리겠다: "생각하지 말고 보라!"

⚜

비트겐슈타인이 옳다고 호이징가가 틀린 것은 아니다. "가족 유사성" 개념이 "본질"이란 개념과 무조건 모순되지는 않기 때문이다. "족보"에서는 공통분모가 발견된다. 생긴 모습이야 얼마나 다르건, 가족 구성원들 간에는 한 가지 공통점이 있다. 모두 조상이 같다는 것.

그렇듯이, 모든 놀이의 원조 격인 원시 놀이가 있을까? 얼마든지 상상이 가능하다. 어쨌든 놀이의 역사는 인류의 역사보다 길다. 검은 뇌조 수컷의 짝짓기춤, 강아지와 고양이의 쌈박질, 원숭이 우리 속의 장난질 등은 동물들도 놀이를 한다는 증거다. 그러니까, 최초의 인간들도 놀이를 했다. 성교와 싸움 직전에 보이는 남성의 위력 시위와 여성의 교태는 각각 전쟁과 패션 문화로 발전했을 것이다. 아이들의 힘겨루기는 나중에 성인들의 제식적祭式的·상업적 경기가 되었을 것이다. 혹시 아는가, 셰익스피어의 연극도 몇 단계만 거슬러 올라가 보면 유치찬란한 "원숭이 흉내"로 귀착될지.

⚜

문화에서, 생존에 직접적으로 필요하지 않은 것은 대체로 놀이의 특성을 지닌다. 호이징가는 스포츠와 군대, 사법기관과 종교의식 등에 이런 특징이 있다는 사실을 입증했다. 우리가 일상 속에서 얼마나 많은 "놀이 규칙"을 따르고 있는지는 타 문화권 사람들이나 먼 친척을 만났을 때 여실히 드러난다. 특히 예술과 학문은 놀이의 요소를 빼놓고는 생각할 수가 없다. 어떤 의미에서는 예술이나 학문도 치기 어린 모래장난이나 스무고개에서 시작했던 것의 완결판에 지나지 않는다.

그래서 에곤 프리델의 비장한 말 한 마디를 인용함으로써 이 주제를 끝낼까 한다. "모든 가치 있는 것은 한낱 장난일 뿐이며, 인간의 모든 행위는 그저 장난인 한에서만 가치가 있다. 혹은 모든 행위는 그것이 장난이 되는 순간에 비로소 가치를 획득한다."

한 가지 염려스러운 것은, 자유가 그렇듯이 놀이에도 양면성이 있다는 것이다. 체스 판에도 검은 칸이 있고 고양이도 쥐를 데리고 논다. 로마인들의 원형경기장은 역겨운 피바다였고 어느 시대나 공개처형은 '공포극'으로 연출되었다. 악도 놀이를 한다. 애들 장난조차 해롭지 않은 것은 아니다.

아홉 살 생일에 나는 장난감 축구장을 선물로 받았다. 그것은 구두통만 한 플라스틱 상자였다. 바닥은 녹색 그라운드였고, 투명한 플라스틱 덮개는 "하늘"이었다. 일렬로 늘어선 "축구 선수들"은 여섯 개의 단추로 움직였다. "하늘" 한복판에는 은빛 공을 경기장 안으로 집어넣는 작은 구멍이 있었다. 경기가 시작되면 거친 몸싸움이 한바탕 벌어졌다.

나는 부엌으로 날아든 파리를 잡아서 놀곤 했다. 녀석들을 축구장의 하늘 구멍으로 넣어 가둔 다음, 세면대에 물을 가득 채우고 축구장을 통째로 담궜다. 축구장은 타이타닉처럼 천천히 가라앉았다. 살고 싶은 놈들은 제때에 하늘 구멍을 찾아야 했다. 구멍을 못 찾은 놈들이 물속에서 허우적거리면 그냥 익사시켜 하수구 구멍으로 흘려보냈다. 나는 이 장난을 "IQ 테스트"라 불렀다.

파리는 그들이 이 장난의 일부라는 걸 알았을까? 때론 그런 의구심이 든다. 가끔씩 인간들이 도저히 알 수 없는 실험의 '마루타'라는 생각이 들지 않나? 운명의 충돌 테스트용 마네킹 같은?

> 신들에게 우리는 한낱
> 심심한 애들이 갖고 노는
> 파리 같은 존재일 뿐.
> 신들은 우리를 재미로 죽이지.

셰익스피어의 『리어 왕』에서 글루세스터가 하는 말이다. 이 또한 하나의 놀이, 잔인한 유머와 장엄한 진지함이 어우러진 마지막 놀이다. 실명과 몰락의 실상이 적나라하게 묘사된 리어 왕의 이야기를 보면서 일상의 삶이 그저 한 편의 블랙 코미디 같다는 생각을 하게 된다. 누더기를 걸친 리어 왕 — 이것이 바로 가면 뒤에 숨은 실존의 적나라

한 모습이다. 객석에서는 가장무도회가 한창인데.

무대 앞 S석과 위층의 R석에는 수많은 작은 왕들이 삶에 대한 입바른 소리들을 든든한 보호막으로 여기며 앉아 있다. 리어 왕은 이들 한 사람 한 사람을 대신하여 잘못을 범하고 사실을 깨닫고 고통을 당한다. 1막에 등장하는 그 오만한 왕과 조금이라도 닮지 않은 사람이 있을까? 자신이 얻은 지위와 벌어들인 재물과 상속받은 재산을 자랑스러워하지 않을 사람이 있을까? 어느 정도 자신의 이득을 챙겨야겠다고 생각하지 않는 사람이 있을까? 우리들의 어릿광대, 그대 이름은 셰익스피어, 그대의 지혜는 광대놀음.

> 세상은 무대이며,
> 모든 남녀는 그저 배우일 뿐.
> 누구는 평생 7막에 걸쳐
> 숱한 배역을 연기한다 ….

더 알고 싶은 분들께는 Manfred Eigen과 Ruthild Winkler의 *Das Spiel* (München 1975)을 권한다.

13

논리

혹은

거 짓 말 쟁 이 가 거 짓 말 쟁 이 한 테
거 짓 말 쟁 이 라 고 한 다 면

"내가 굉장히 멍청하다는 사실을 부인하지는 않겠소. 하지만 솔직히 털어놓겠는데, 난 당신 생각에 동의할 수 없소. 가령, 어떻게 그가 머리 좋은 남자라는 결론을 내리게 된 거요?" 홈즈는 아무 대답도 하지 않고 모자를 집어 썼다. 모자는 이마 위로 미끄러져 내려와 콧등을 덮었다. 그는 이렇게 설명했다. "그건 부피의 문제죠. 그렇게 머리가 큰 사람은 틀림없이 머릿속에 어느 정도의 지력을 가지고 있을 테니까."

· 코난 도일 『파란 홍옥』

논리의 문제가 특히 선호되는 경우는 신원 미상의 변사체가 발견될 때다. 사건 현장에 나타난 형사는 — 셜록 홈즈, 미스 마플, 콜롬보 형사를 나는 좋아한다 — 증거물과 그 밖의 유류품들을 면밀히 관찰하고 용의자를 집요하게 추궁하다가 결국 사건의 실마리를 푼다. 쉬운 방정식의 X처럼, 용의자가 들통 나지 않고 궁지를 모면할 확률은 거의 없다. 그러고 나서 총을 뽑아 든 범인이 운집한 구경꾼들 앞에서 형사의 애인을 인질로 잡으면 일단 이 사건은 해결된 거나 다름없다.

명탐정의 재능은 천부적이다. 경찰학교에서 배운 테크닉이 아니다. 예리한 추리력을 갖다 보니 성격은 차가울 수밖에 없다. 그래서 연애는 꽝이다. 홈즈에 대한 왓슨 박사의 평: "추리와 관찰에 관한 한 그는 세상에서 가장 완벽한 기계지만 애인으로서는 별 볼일 없다. … 홈즈처럼 숙련된 추리 전문가의 경우, 그 복잡하고 예민한 성격에 감정이 개입되는 것은 자칫 논리적 결론을 미심쩍게 만드는 방해 요소에 불과하다. 격한 감정은 정밀 기계에 낀 모래처럼, 돋보기의 흠집처럼, 판단을 오도할지도 모른다."

홈즈가 특별한 케이스는 아니다. 으레 명탐정은 병리 현상의 심연을 과감히 넘나드는 냉정한 아웃사이더로 묘사된다. 비범하고 매몰차게 타인과 거리를 두기 때문에 남의 생각을 꿰뚫는 능력도 생기는 것이다. 논리의 비결은 바로 이런 거리감을 유지하는 데 있다.

반대로 사람들과 거리를 두지 않는 형사가 있다고 치자. 그는 호·불호의 감정에 치우치기 쉬운 사람이라, "헤르츨리히"(다감한)라고 부르기로 하자. 살인 사건 담당 형사 헤르츨리히는 용의자 둘을 체포했다. 코가 비뚤어진 보리스 브루탈스키(브루탈: "잔인한")는 전직 권투선수로, 동물학대 전과가 있다. 빨간 머리 여배우 릴리 루더("뻔뻔한 인간")는 텔레비전 드라마 「야자나무 아래서의 뜨거운 밤」으로 유명하다. 이 딱한 공무원 양반, 릴리 루더가 속눈썹을 연신 깜박거리니 신경이 쓰여 생각을 제대로 할 수가 있나? 그리고 어떻게든 자기가 직접 수갑 채워 연행해 갈 생각만 하고 있으니 공정한 수사가 될 리가 있나?

자신의 약점을 아는 헤르츨리히는 용의자 조서를 익명화하는 단골 수법을 쓴다. 진술서 앞면에는 크게 A라고 쓰고, 뒷면에는 브루탈스키의 진술을 기록했다. 다른 진술서에는 B라고 쓰고 그 뒷면에 릴리 루더의 진술을 적었다. 그런 다음 '안면 몰수하고' 진술서를 차분히 읽어 내려갔다. 즉시 진실이 눈에 들어왔다. B는 알리바이가 확실했다. 드라마 「병든 소나무 아래서의 차가운 밤」 리허설. A는 엉겁결에 불어 버린다. "그 시간에 난 극장에 있었수. 아폴로 극장. 자, 여기, 영화표."

헤르츨리히 형사는 두 손을 비빈다. 사건은 해결되었다. 살인 사건은 **아폴로 극장에서** 일어났던 것이다. 범죄수사학적 논리의 승리!

철학적 논리학도 마찬가지다. 차원이 다르긴 하지만 여기서도 감정과 선입견을 배제하는 일은 중요하다. 범죄수사학은 진술 내용을 진술자와 분리하는 데 반해 철학적 논리학은 진술 내용을 배제하고 사유 구조에만 집중한다. "홈즈는 사건을 해결할 때마다 파이프 담배를 피운다"라는 진술을 논리학 엑스레이로 찍으면 사진에는 "p면 q다"만 나온다. 이런 식으로 뼈만 추리면 복잡한 논증의 사슬 속에 숨어 있는 모순들이 드러난다.

긍정식의 경우, 논리학은 기정 진리로부터 새로운 인식을 추론해 내는 규칙을 제공한다. 위의 예문에 더하여, "홈즈가 사건을 해결했다"는, 근거 확실한 사실을 알아냈다고 가정하자. 엑스레이 필름상에는 이 문장이 q로 축소된다. 여기에 전건긍정식modus ponens이라는 기본적인 추론 규칙을 적용하면:

> p면 q다.
> p다.
> **따라서** q다. ("따라서 홈즈는 파이프 담배를 피운다.")

홈즈가 정말 담배를 피우는지 알기 위해 베이커 거리 독신자 아파트 창문에서 새어나오는 담배 연기를 확인할 필요는 없다. 전건긍정식의 첫 두 명제가 참이면 그 결론인 셋째 명제도 **참일 수밖에 없다.** 두 정보의 조합만으로도 셋째 정보는 쉽게 얻어진다. 홈즈도 이보다 더 잘할 수는 없다. 긍정식은 논리학의 기초에 불과하지만 놀라운 결과를 낳을 수 있다. 다음의 추론이 이를 입증한다.

피살자가 있으면 살해자도 있다는 걸 모르는 형사는 없다. 일반적으로: 원인 없는 결과는 없다. 논리학적으로는: 근거 없는 추론은 없다. 여기에 터하여 고전 논리학의 시조 아리스토텔레스는 다음 문장들을 조합했다.

세계가 움직인다면
이 움직임을 일으킨 뭔가가 반드시 있어야 한다.
세계는 움직인다.
따라서 움직임을 일으킨 뭔가가 반드시 존재한다.

대체 우주의 모빌을 톡 건드린 게 무엇이더냐? 인간이야 다른 모든 유한 존재들처럼 세계의 일부에 지나지 않으므로 확실한 알리바이가 성립된다. 따라서 최초에 엄청 거대한 미지의 존재가 우주의 모빌을 건드렸음에 틀림없다. 아리스토텔레스는 그것을 "부동의 원동자原動者"라 불렀다. 항간의 개념으로 바꿔 말하면 그것은 신이다.

✤

신에 대한 이론도 미인에 대한 기준만큼이나 많다. 칸트 이후, 기존의 모든 "신 존재 증명"은 그릇된 전제에 근거

해 있거나 오류 추론이라는 데 의견이 모아졌다.

오류 추론은 헷갈릴 정도로 타당한 추론과 흡사하다. 그것은 논리라는 풍경 속의 신기루며, 진리의 요람에 누운 이무기 새끼다. 따라서 논리학자에게 오류 진단은 수사관에게 제공되는 법의학자의 정보만큼이나 중요하다.

처음 예문으로 돌아가 다음 추론들을 비교해 보자.

A. 홈즈는 사건을 해결할 때마다 파이프 담배를 피운다.

그는 방금 한 사건을 해결했다.

따라서 그는 파이프 담배를 피운다.

B. 홈즈는 사건을 해결할 때마다 파이프 담배를 피운다.

지금 그는 파이프 담배를 피우고 있다.

따라서 그는 방금 한 사건을 해결했다.

얼핏 보면 두 추론 다 설득력 있는 것 같지만 그 차이는 사실 하늘과 땅이다. A는 논리적으로 믿을 만하다. B는 문제가 전혀 다르다. 홈즈가 여러 해 동안 사건을 해결하지 못할 수도 얼마든지 있다. 그럼 그동안은 담배도 피우지 말아야겠네?

그건 아니다. 그렇게까지 무리한 요구를 할 생각은 없다. 아래 도식처럼 후건에서 전건을 역추론하는 것은 신뢰할 수도 없을 뿐더러 허용되지도 않는다.

p면 q다.

q다.

따라서 p다.

✤

오류 추론이 드문 예외라고 생각하지 말기를! 실생활에서 논리적 추론은 십중팔구 **엉터리 결론**에 도달하고, 그 대부분을 우리는 곧이곧대로 믿는다. 엉터리 결론들은 자못 호소력이 있어 보이는데, 아무도 알아듣지 못할 정연한 논증보다는 그런 호소력이 차라리 나을 때도 있다.

여기 논리적 오류 추론 열셋을 소개한다.

1) 자기 기준으로 남을 판단하는 오류. ("내가 보기에 막스 골드는 천재야. 너도 분명 그를 좋아하게 될 거야.")

2) 감정에서 사실을, 소망에서 현실을 도출하는 오류. ("내가 사랑하는 기네스 펠트로가 착하지 않을 리 없어.")

3) 개별적 관찰에서 자연법칙을 도출하는 오류.

한 사건이 오랫동안 규칙적으로 반복되면 우리는 이 사건에 분명 어떤 법칙성이 있을 거라고 생각한다. "매일 아침 해가 뜨고 매일 저녁 해가 진다. 지금도 그렇고 과거에도 그랬으니 앞으로도 그럴 것이다." 그렇다면, 몸 안에서 청룡열차를 타는 혈구血球의 문명을 생각해 보자. 몇 년 혈액순환을 하고 나서 어느 천재 백혈구가, 심장의 펌프질은 영원히 계속될 거라고 주장했다. 영원한 것은 없다고 여기는 다른 백혈구들은 미심쩍은 반응을 보였다. 그렇게 몇십

년이 흘러도 심장은 여전히 뛰고 있었다. 몸이 백수를 누리자 "심장박동 영원설"은 보편적으로 받아들여진다. 그리고 이 천재 백혈구를 기려 혈관 속에 응고된 핏덩이로 기념비를 세워 주는데 ….

4) 과거에 비추어 미래를 판단하는 오류. ("역사는 특정한 목적를 향해 진보한다. 따라서 탄도 계산으로 탄착점을 산출하듯이, 유기체의 성장·숙성·노화 과정을 예상하듯이, 철저한 역사 연구를 통해 인간 사회의 발전 양상도 예측할 수 있다.")

5) 존재에서 당위를 도출하는 오류.

세상 그 자체는 선하지도 악하지도 않다. 돌과 구름과 초목에 부과된 의무란 없다. 백상어는 십계명에 아랑곳하지 않는다. 도덕률의 뿌리는 자연에 있지 않다. 그것은 인간의 발명품이다.

호숫가를 산책하다가 물에 빠져 허우적거리는 사람을 목격했다. "사람 살려! 쥐 났어!" "재밌네! 내가 있다고 달라질 게 뭐 있나!" "도와줘! **도와줘야 할** 것 아냐!" "왜?" "정언명법도 몰라?" "불간섭 원칙도 있지." 그 사람은 허우적거리며 화를 냈다. "부작위범으로 고소할 거야!" "아니, 당신이 익사한다는 사실로부터 내가 당신을 도와야 한다는 결론이 도출되나? 그리고 도덕 불감증이 어디 내 죈가? 그럼 시각 장애도 죄가 되겠네? 게다가 지금 여긴 목격자도 없어." "도와줘 — 꼬르륵 …." 그는 사라졌다.

이 상황에서 논리적으로는 내가 옳다.

6) 양으로 질을 판단하는 오류. ("똥은 맛있다. 수십억 파리들의 생각이 틀릴 수야 없지.")

7) 어느 정도의 유사성과 동일성을 혼동하는 오류. (그림Grimm 형제의) 여섯 마리 아기 염소와 독일의 어느 거대한 대중 잡지는 이렇게 오판해서 망했다.

8) 결과에서 원인을 추론하는 오류. (위의 경우 참조)

알로이스 아저씨가 심근경색이라니! 졸지에 당한 일이었다. 평소 담배도 안 피우고, 운동도 열심히 하고 콜레스테롤 수치도 정상이었는데 …. 어떻게든 원인을 찾아야지, 아니 땐 굴뚝에 연기 나랴! 의사가 물었다. "최근에 스트레스를 많이 받으셨습니까?" "글쎄요." 아저씨가 구시렁거렸다. "뭐 약간 …, 건강 때문에 신경이 좀 쓰이긴 했죠." 의사는 심각하게 고개를 끄덕이더니 기체조를 권했다. 만약 아저씨가 의사의 질문에 딱 잘라 아니라고 대답했다면? 그랬다면 더 심각했겠지. 사람은 누구나 스트레스를 받는데, 스트레스를 억누르는 것이야말로 **진짜** 위험하니까.

9) 발음의 유사성 때문에 의미를 혼동하는 오류. ("청와대, 사정 속도 조절")

10) 가격으로 상품의 질을 판단하는 오류.

11) 통계 수치로 현실을 판단하는 오류.

12) 약속의 내용과 약속을 지킬 의지를 혼동하는 오류.

13) 낱말로 사물을, 문장으로 사태를, 서술된 역사로

역사 자체를 판단하는 오류.

단어란 세계에 대해 뭔가를 말하기 위해 고안된 것이다. 언어의 구성 요소들은 세계와 관계할 뿐 아니라 저들끼리의 내적 관계도 맺고 있다. 문장이 따라야 할 것은 문법이지 자연법칙이 아니다. 서술된 역사를 읽으면 그렇게 믿기 쉽겠지만, 실제로 세계사는 신비한 각본에 따라 움직이지 않는다. 언어 구조를 사실 세계에까지 확장시키고 싶어 안달한 결과가 언어-세계 동형적(logomorph) 세계상이다. 세계는 "언어와 닮아서" 세 가지 성(독일어의 경우)과 시제, 능동태와 수동태, 그리고 어휘에 대응하는 사물의 목록을 가졌다는 것이다. 이 오류가 어처구니없는 것은 우리가 여기서 참 헤어나기 어렵기 때문이다. 언어는 우리의 상상력이 종신토록 갇혀 있는 투명 감옥이요, 논리는 줄기차게 무시당하는 행형行刑 규칙이다.

⚜

끝으로 물어보자. 그럼, 논리의 물로 인간을 더 새파랗게 염색해야 하나? 오류일랑 유전자 조작으로 모두 없애 버리고, 꼬마 셜록 홈즈들만 키우는 게 괜찮은 프로젝트인가? 사람에게는 얼마만큼의 논리가 필요할까?

천재 수학자·신비주의자 블래즈 파스칼이 전형적 답을 내린다. "인간은 세상에서 가장 연약한 갈대, 그러나 생각하는 갈대다. … 인간의 존엄성은 사유에서 비롯되므로, 우리는 다 쓰지도 못할 공간과 시간에서가 아니라 사유에서 용기를 얻어야 한다. 그러므로 올바로 생각하도록 애쓸 일이니, 이것이 덕행의 근본이다."

파스칼은 "올바른 사유"를 인간존재의 핵심이자 덕의 싹이라고 선언한 많은 철학자들 중 하나로 꼽힌다. 하지만 이것은 자아중심적 오류 추론(173쪽 1번)에 얼마나 감염되기 쉬운지를 입증할 뿐이다. 종교적 인간은 신앙에서, 행동하는 인간은 도전에서, 이성적 인간은 당연히 논리에서 구원을 찾는다. 인간이 계산기 이상의 존재이고, 논리적 사고가 행복도 선도 기약해 주지 않음은 경험으로 아는 바다. 셜록 홈즈 부대가 있다면 눈 깜짝할 사이에 천재적인 악당 부대도 나타날 것이다. 그렇다면 사랑은 어디에?

이건 아니다. 철학자들의 장난감을 만인의 필수 과목으로 삼는 건 역시 부적절해 보인다.

인간은 때로 칠칠치 못하고 종잡을 수 없는 존재, 사랑스런 난봉꾼, 이타카 없는 오디세우스, N극 빠진 나침반, 둥지 잃은 새다. 바람 부는 대로 간다. 인생을 논리의 코르셋으로 옭죄려는 기도는 가망 없는 모험일 뿐 아니라 비논리적이다. 이 말은 논리적이지, 논리적이잖아!

더 알고 싶은 분들께는 Eike von Savigny의 *Grundkurs im logischen Schließen* 및 *Grundkurs im wissenschaftlichen Definieren* (München 1970/76)을 권한다.

14

시간

혹은

시　　계　　우　　주

시간은 세 가지 모습으로 흐른다.
미래는 머뭇머뭇 끌려오고,
현재는 화살처럼 날아가고,
과거는 영원히 서 있다.

· 프리드리히 실러

오 시제여, 오 모저(이 책 저자 — 역자 주)여!

· 어느 라틴어 선생님

수다 좀 떨게 같이 사우나나 가시죠 ….

시간에 대해 수다 떨기엔 사우나가 제격이다. 여기서는 시간이 자연 그대로의 모습으로 드러나므로. 늙어 가는 모습들이 벌거벗은 채 나무 의자 위에 누워 있다. 피부에, 머리카락에, 허리에 남아 있는 시간의 흔적들 — 너무 오래 보지는 말자! 차라리 벽면의 아름다운 나뭇결이나 볼 일이다. 나뭇결은 나이테에 새겨진 시간과 뭐가 다를까? 문 옆에 걸린 모래시계. 모래가 다하는 15분 동안 비 오듯 흐르는 땀. 스르르 떨어지는 모랫가루 ….

시간은 **흐른다.** 우리가 시간을 느끼는 건 시간이 기억 속에 **응고**되는 까닭이다. 기억이 없으면 시간도 느껴지지 않는다. 한동안이지만, 뇌는 시간을 보관하고 망각에서 보호한다. 더 보편적인 시간 보관소는 언어다. 말에는 흘러간 시간, 응고된 시간이 담겨 있다. "흘러간다"는 이미지를 시간에 적용할 수 있음은 그나마 모래시계로 시간을 잴 수 있었기 때문이다. 중세 말 이래 모래시계는 인생무상의 상징이요, 죽음에 대한 강력한 경고(memento mori)였다. 그래서 사우나의 모래시계도 요모조모 깊이 음미해 볼 만하다. 가령, 사우나의 막바지 1분이 첫 1분보다 훨씬 길게 느껴지는 건 왜일까? 더구나 숯덩이에 물이라도 뿌리면!

⚜

모래시계보다 훨씬 오래된 것이 해시계다. 기원전 550년경 밀레토스의 아낙시만드로스는 서양 최초의 해시계 모델을 만들었다. 그러나 이집트에서는 피라미드를 건설할 때 이미 수직으로 세운 막대의 그림자 ― 그노몬 ― 를 보고 일꾼들의 근무 교대 시간을 정했다고 한다. 물시계도 꽤 일찍 발명되었다. 그것은 수도꼭지에서 떨어지는 물방울의 원리로 작동했다. 십자군과 동시대인이었던 송나라 사람들은 흐르는 물을 이용해서 집채만 한 시계를 만들어 냈다. 기계식 시계가 지배하기 시작한 것은 중세 말엽부터였다. 일정 시각에 규칙적으로 기도를 바치도록 한 수도 규칙은 정확한 시간에 대한 관심을 일깨운 중요한 계기였다. 어두운 겨울 새벽, 수도사들이 어떻게 아침 기도 시간을 안단 말인가? 시간 엄수는 계명이 되었고, 잠꾸러기는 천당에 가지 못했다.

시계의 역사는 축소지향의 역사이기도 하다. 14세기 중엽 스트라스부르 대성당의 둔탁한 톱니바퀴 시계는 높이가 무려 12미터나 되었다. 우리 할아버지 댁 마루에도 큼직한 괘종시계가 있었는데 그 시계를 볼 때마다 나는 「늑대와 일곱 마리 염소」라는 그림 형제의 동화가 생각났다. 내 디지털 시계는 전하가 걸린 석영 크리스탈로 시간을 잰다. 세슘-133 동위원소는 정확히 초당 9,192,631,770번 움직이기 때문에 이 원자 시계의 오차는 3백 년에 1초도 안 된다고 들었다.

시대는 변하고, 시대와 함께 우리도 변한다. 3백 년 전만 해도 사람들은 아침닭 우는 소리에 일어나고, 닭이 잠

들면 잠자리에 들었다. 밭일을 하다가도 해가 교회 첨탑
에 걸리면 일손을 놓고 쉬었다. 저녁에 새로 나온 양치기
소설을 좀 더 읽다 자야지 싶으면 초를 아낄 요량으로 "반
정도 탈 때까지만요"라고 말하곤 했다. 시간은 들을 수도,
볼 수도, 만질 수도 있는 것이었다. 시간은 부드러워 늘일
수도 있었다.

하지만 요즘의 작업 시간 등록기는 매수할 수 없다. 오
늘날 시간은 추상적 단위로 우리를 지배하며, 관료화·동
질화·세계화·자본화되어 있다. 그렇다. 시간은 자본화되
었다. 시간이 돈이라서 그렇다. 내 전화기의 요금 표시기
를 보며 나는 매일 이 사실을 새롭게 깨닫는다. 시간을 잃
는 것은 돈을 잃는 것이다. 그리고 돈만 있으면 시간도 벌
수 있다. 직접적으로, 휴가의 형태로, 혹은 더 빠른 차,
최신 소프트웨어, 식기세척기 같은 시간 절약 기계들을 사
들임으로써. 현대의 시대정신을 온몸으로 실천하는 시時테
크의 귀재들에 비하면 생텍쥐페리의 어린 왕자는 약간 **시
대에 뒤떨어져 있다.**

어떤 상인이 한 알 먹으면 일주일 동안 목마른 줄 모른
다는 알약을 어린 왕자에게 권했다. 어린 왕자는 그 약이
무슨 쓸 데가 있냐고 물었다.

"엄청 시간을 절약해 주지. 일주일에 53분."

"그럼 그 53분으로는 뭘 하죠?"

"음, 자기가 하고 싶은 일 …."

"나 같으면 그 53분에 아주 천천히 우물로 갈 텐데 …."

그 옛날 성문 앞 우물은 물을 긷는 장소 이상의 의미가 있었다. 저녁 무렵이면 우물가에서 거위 치는 아가씨를 만나 입맞춤했다. 시인 게오르그 트라클은 죽음 앞에서 이렇게 노래했다. "비바람에 시달린 저문 우물가, 파란 과꽃들 찬바람에 파르르 고개 숙였네." 어쨌거나 다음 시구보다야 낭만적이다. "광나는 스테인리스 수도꼭지 옆, 파란 과꽃들 찬바람에 파르르 고개 숙였네." 깊은 우물 속에는 마법에 걸린 왕자라도 살았지만 수도꼭지 속에야 석회밖에 더 있겠는가. 수돗물은 오늘날의 시간과 비슷하다. 정화되고 살균되어 고향도 역사도 취향도 없다. 그리고 늘 짓눌려 있다. 옛 우물가에는 백 년 묵은 보리수가 서 있었다. 지금 수도꼭지 옆에는 '퐁퐁'만 덩그라니 놓여 있다.

수도꼭지, 냉동고, 음반 — 우리는 일상용품들이 계절이나 시간에 아랑곳없이 돌아가는 데 익숙하다. 그러나 시간을 벗어 버린 이 멋진 세계에서 우리 인간은 심각한 시대착오를 범하고 있다. 찰리 채플린은 「모던 타임즈」에서 컨베이어 벨트와 보조를 맞추려 애써 보지만 헛일이었다. 지속적으로 못 믿을 게 인간이다. 우리의 생체 시계는 달 따라 돈다. 맥박을 재어 보면 차이를 금방 알 수 있다. 시계 초침은 일정하게 도는데, 맥박 '시계'는 가끔 껑충 뛰기도 하고 절룩거리기도 한다. 맥박이 완벽히 규칙적이면 심박 조정기를 달고 있다는 뜻이다. 개인의 시간 감각은 세슘

원자가 아니라, 호르몬과 환경 변화에 따라 반응한다. 여행 중에는 시간이 쏜살같이 흐르지만 가끔 방안에만 처박혀 있을라치면 마치 시간이 서 버린 것 같다. 텔레비전은 고장 났는데 애프터서비스 기사가 밍그적거리고 있으면 더욱 그렇다.

눈만 들면 어디나 시계다. 보이지 않는 곳까지 모두. 전 생명체가 유기적 시계의 상호 작용 아닌가? 피부, 머리카락, 성선性腺, 심장, 눈, 뇌 — 카운트다운에 들어가지 않는 신체 부위는 없다. 그렇다. 말 주둥이 속을 들여다봐도 시간은 이빨을 드러낸다.

⚜

그렇다면 시간이란 무엇인가?

"매우 분명하고 일상적인 것, 그럼에도 불구하고 철저히 숨겨져 있으며, 전혀 들어 보지 못한 것, 이것이 바로 그 수수께끼의 답이다." 성 아우구스티누스는 이렇게 탄복했다. "물어보지만 않으면 시간이 무엇인지 알겠는데 묻는 사람에게 설명만 하려 들면 도통 모르겠다." 시간이 **존재한다**고 주장할 수 없다. 과거는 **이미** 지나갔고 미래는 **아직** 오지 않았기 때문이다. 현재가 있다고는 하지만 이것도 미래를 과거 속으로 끊임없이 뒤집어 넘긴 것, 기대와 기억 사이에 그어 놓은 가상의 선에 불과하다. 아우구스티누스가 잘라 말했듯이, "현재는 시간을 포함하지 않는다". 현재는 일분 일초도 지속되지 않는다. 하여튼 현재는 **지**

속이 아니다. 과거도 미래도 지금은 없고, 현재는 **아예 존재하지도 않는 거라면, 대체 시간이란 무엇인가?**

임마누엘 칸트는 시간을 칼같이 지키는 사람이었다. 하루 일과가 너무도 정확하여 마을 사람들이 매일 그를 보고 시계를 맞출 정도였다고 한다. 그가 시간을 인간에게 선천적으로 주어진 배열 원리라고 생각했던 건 아마 그래서였는지도 모른다. 실제 세계가 어떤지는 불분명하고, 만유에 독립된 절대 시간의 존재에 대해서는 아무도 말할 수 없다는 것이다. 아는 것은 그저, 인간이 자신의 인상을 일단 시간과 공간 속에 배열한다는 사실이다. 깊은 잠에서 깼을 때 주위가 낯설면 제일 먼저 이렇게 묻는다. 여기가 어디지? 지금 몇 시나 됐을까? **세계-안에-있다**는 것은 곧 **시간-안에-있다**는 뜻이다.

칸트에게는 공간과 시간이 쌍을 이루고 있지만 현대 물리학의 공간과 시간은 사차원의 **시공**으로 융합되어 버린다. 시간 — 길이, 너비, 높이와는 다른 하나의 차원? 어떤 의미에서는 그렇다. 현 위치·현 시점에서 시공의 세계를 살펴보자.

길이:	왼쪽	− 여기	− 오른쪽
너비/깊이:	뒤	− 여기	− 앞
높이:	아래	− 여기	− 위
시간:	이전	− 지금	− 나중

그러므로 현재는 시간 좌표상 0일 수밖에 없다.

그럼에도, 익숙한 삼차원 공간에 비하면 시간은 왠지 낯설다. 무엇이 시간을 그토록 **다르게** 만드는 걸까? 시간 인식의 상대성 때문은 아니다. 낯선 곳에서 산보를 하다가 왔던 길로 다시 돌아갈 때는 가는 길이 시간적으로나 공간적으로나 처음 왔던 길보다 더 가깝게 느껴진다. 그러나 제대로 간 것이다. 시간에서는 귀환이 불가능하다. 추억과 SF 소설 빼고, 과거로 가는 길은 막혀 있다.

이것은 이른바 **엔트로피 법칙**과 관계가 있다. 즉, 세계의 '무질서'(엔트로피)가 지속적으로 증가하면서 우주가 시시각각 쓰레기 더미로 변한다는 것이다. 태양은 매초 엄청난 에너지를 우주로 뿜어낸다. 자매 별들도 마찬가지다. 언젠가 태양은 다 타 버릴 것이고, 자매 별들도 태양과 운명을 함께할 것이다. 온 에너지가 우주에 고루 퍼져 멋진 우주가 별 쓰레기 사막처럼 보일 것이다. 아니, 전혀 **보이지조차 않을 것**이다. 빛 자체가 사라질 것이므로. 그러면 밤에도 '볼' 수 있는 박쥐도 사라질 것이다. 열에너지가 고루 퍼지고 나면 에너지는 더 흐르지 않는다. 생물이 살 수 없고, 유기적이든 무기적이든 시계란 시계는 다 서 버리고, 시간은 멈출 것이다. 저절로 감기는 태엽이 없듯이 이 과정도 되돌릴 수 없다.

최후의 폭발을 동반한 우주의 장엄한 붕괴보다 이런 조용한 종말이 차라리 더 기분 나쁠까? 그건 취향의 문제일 수 있겠다. 인류가 유서를 쓸 시간은 충분히 남았다.

✤

잠깐! 어질러 놓은 방을 정리하면서 여기저리 널린 책들을 다시 책장에 꽂는 건 엔트로피 법칙을 깨는 게 아닌가? 천만에! 정리에 힘을 쓰다 보면 체내 신진대사가 촉진되고, 이렇게 유발된 '무질서'는 책장의 새 질서를 능가한다. 그래도 생명체가 한동안 엔트로피에 효과적으로 저항할 수 있다는 말에는 어느 정도 일리가 있다. 시체는 며칠만 지나면 썩는다. 생체는 끊임없이 엔트로피를 생산하고 증가시키면서 근 백 년을 멀쩡히 지탱한다.

삶이란 소멸과의 싸움에서 벌이는 단 한 차례 퇴각전이며, 화장발과 의학과 기억력 훈련의 힘을 빌려 시간을 정지시키려는 시도다. 중년 이후에는 특히 더하다.

처절히 시간에 맞서 싸우기로는 옛 이집트인들이 으뜸이다. 파라오의 불멸을 위해 수많은 노예들이 죽어 갔다. 그래서 피라미드는 수천 년의 시간에도 끄떡없이 버티고 있다. 마이클 크리튼(『쥬라기 공원』의 저자 — 역자 주)이 티라노사우루스 렉스를 피 한 방울로 다시 살려 냈는데, 투탕카멘(이집트 왕조 18대 왕. 1922년 발굴 — 역자 주) 왕이라고 왜 다시 살아나지 못하겠는가? '미라 공원'이 엄청난 센세이션을 불러일으킬 것은 불 보듯 빤하다.

시간과 싸우면서 이집트인들이 고안해 낸 가장 무서운 무기는 상형문자였다. 글은 생각을 붙잡아 둘 수 있게 한다. 기록된 생각은 베껴 쓰기만 해도 '복제'되고, 어려움 없이 마음대로 '증식'시킬 수 있다. 그래서 호머의 유쾌함이 불멸하고, 사포의 애련도 영원할 수 있다. 플라톤을 읽노라면 아테네 시장통에서 철학을 설파하는 소크라테스의 음성이 귀에 쟁쟁하다.

시간과의 싸움에 동원되는 첨단 무기 — 디지털 카메라, CD, 컴퓨터 — 의 위력은 실로 대단하다. 흐르는 시간을 향해 "멈추어라, 너 참 아름답구나!"라고 외치고 싶으면 버튼을 살짝 누르기만 하라. 마리아 칼라스의 노래를 들을 수 있고, 「카사블랑카」를 열 번이라도 볼 수 있다. 텔레비전은 살아 있는 죽은 사람으로 넘친다. 가상의 험프리 보가트를 살려 내 「카사블랑카 2」를 찍는 건 일도 아니다.

그런데도 인간은 필사적으로 시간에 매달리며 슬퍼하고 있다. 자신의 그림자에서 벗어나려는 것 같다. 시간을 붙잡았다고 생각한 바로 그 순간, 시간은 우리 손에서 녹아 버린다. 옛 사진을 보면서 부여잡고 있는 것은 그저 잃어버린 시간의 무덤이고 미라가 된 껍데기일 뿐이다. 우리는 보물을 지키고 있다고 생각하지만 사실은 고물 더미에 지나지 않는다.

그러나 호라티우스의 말처럼,

우리가 이야기하는 사이
시간은 못마땅한 듯 달아나 버리지.

그러니 내일을 믿으려 말고
오늘을 즐겨라!

활짝 핀 장미는 보석보다 귀하다. 극장 매표소 앞에서 순서를 양보받은 소녀의 수줍은 웃음은 모나리자의 미소보다 매력적이다. 거센 파도를 견디는 바위보다 해변을 핥는 물결이 더 미덥다. 시간의 강물에 몸을 던져 보자! 강물에 몸을 맡기고, 영원의 바다든 차가운 샤워든, 흐르는 대로 떠내려가 보자. 중요한 건 이 사우나에서 나가는 것이다! 벌써 15분이 지났다.

더 알고 싶은 분들께는 Peter Coveney와 Roger Highfield의 *The Arrow of Time: A Voyage Through Science to Solve Time's Greatest Mystery* (Fawcett Books 1991)를 권한다.

15

평등

혹은

정 의 의 여 신 상 의 저 울
정 의 의 요 람 ?

모든 동물은 평등하다.

그러나 몇몇 동물은 다른 동물들보다 더 평등하다.

· 조지 오웰 『동물 농장』

오늘은 3월 20일, 봄이 시작되는 날. 태양이 천구天球의 적도에 떠 있다. 적도를 옛 독일어로는 평형도Gleicher라 한다. 이제 밤낮의 길이가 열두 시간씩 똑같고, 빛과 어둠이 인체의 좌우처럼 균형을 이룬다. 직립보행 이래 인간은 줄타기하듯 살아간다. 깨어 있는 동안, 대개는 무의식적으로, 몸의 어느 한 부분은 늘 중심을 잡는 일에 매달려 있다. 속귀의 평형 기관은 우리가 코방아, 엉덩방아를 찧지 않도록 주의 깊게 지켜보고 있다. 술에 취해 본 사람은 우리의 평형 감각이 얼마나 허술한지 안다. 제법 반듯한 사람도 혈중 알코올 농도 0.2%에 무너진다.

결산Bilanz도 결국 대차에 "균형을 잡는"ausgeglichen 일이다. (밸런스Balance처럼, 이 말도 라틴어 비-랑크스bi-lanx〔"두 개의 저울 접시로"〕에서 왔다.) 부채를 청산begleichen하려면 수학적 기초 지식이 필요하다. 수학에서 등호(=)가 없다면? 숫자가 대책 없이 쌓일 것이다! $a^2 = (c+b)(c-b)$ 식은 어딘지 그럴듯해 보인다. 괄호 풀면: $a^2 = c^2 - b^2$. 다음 단계: $a^2 + b^2 = c^2$. 이렇게 직각삼각형은 등호라는 평균대 위에서 절묘하게 균형을 잡고 있다.

자연에서도 포식자 개체군과 먹이 개체군은 안정된 평균치를 조금씩 오르락내리락한다. 생태계가 "뒤집히게" 되는 건 인간이 자연의 철사 줄을 멋대로 잡아당기기 때문이다. 예컨대: 1872년 자메이카는 사탕수수 농장의 들쥐 떼를 잡으려고 동인도 사향고양이 몽고를 들여왔다. 몽고는 이 일을 무난히 해치웠다. 그런데 들쥐가 사라지자 몽고는 새, 도마뱀, 뱀 할 것 없이 섬의 나머지 동물까지 싹쓸이해 버렸다. 덕분에 폭발적으로 늘어난 곤충들이 구름처럼 농장을 뒤덮어 농장은 '들쥐 시절'보다 더 황폐해졌다.

정의의 여신이 들고 있는 저울, 같은 크기의 가방을 두 손에 나누어 들고 열차를 기다리는 남자, 놀이터의 시소 ─ 눈 닿는 곳 어디서나 균형은 발견되며, 균형 잡힌 것은 대개 건강하고 아름답고 올바르다. 그래서 정치에 관심 있는 사람은 묻는다: 사회가 내적 균형을 이루는 때는 언제일까? **인간의 불평등은 어디서 비롯되었을까?**

⚜

18세기 중엽 디종 아카데미는 이 문제를 널리 논의에 부쳤고 장 자크 루소는 『인간 불평등 기원론』에서 이런 답을 내렸다. "맨 처음 한 조각 땅뙈기에 울타리를 치고 뻔뻔스럽게 '내 땅'이라고 선언한 후, 그 말을 그대로 믿는 순진한 사람들을 찾아낸 사람이 시민 사회의 진짜 창설자다. 그가 울타리를 뽑고 도랑을 메운 다음, 사람들에게 '이 사기꾼의 말을 듣지 마시오! 과일은 만인의 몫이고, 땅은 누구에게도 속하지 않는다는 사실을 잊는다면 그대들은 낭패를 볼 것이오!'라고 외쳤더라면, 인류에게는 그런 인간도, 숱한 범죄, 전쟁, 살인, 고통, 공포도 없었을 것을."

루소는 인간이 자연 상태에서는 평등하고 선하다고 생각했다. 그런데 사유재산이 생기면서 빈부가 생겼고, 경제적 불평등은 다른 모든 악을 낳았다. 루소의 눈에 비친 당시 프랑스 정세가 이런 생각을 뒷받침한다. 루이 15세는 애첩 마담 드 봉파두어의 기분을 맞추려고 1,500명의 정원사를 고용했다. 그녀 처소의 정원에는 밤마다 새 꽃을 심었다. 이를 위해 특별 온실을 짓고 화분 2백만 개를 가꾸었다. 왕 자신도 '메뉴 바꾸기'를 즐겼는지, "사슴 공원" 안에 은밀히 전용 사창가를 만들었다. 당시 프랑스에서 내로라하는 사람은 파리 사교계에 눈도장을 찍어야 했다. 베르사이유 궁정에서는 풍악이 울렸고 백성은 도탄에 빠졌다. 중세에도 상황이 이보다 더 나쁘지는 않았다.

18세기 말쯤 사회 체제가 기우뚱했다. 이렇게 되기까지 루소도 작으나마 기여했다. 1762년 그는 『사회계약론』에서 시민들에게 자유와 안정과 평등을 보장해 주는 국가 형태를 제시했다. 풀뿌리 민주주의의 낭만주의 버전이라고나 할까. 예서 "자유·평등·박애"의 혁명 구호까지는 채 한 발짝도 되지 않았다. 로베스피에르는 루소의 열렬한 추종자였다. 실뱅 마레샬은 1796년 루소의 정신을 바탕으로 「평등 선언」을 기초했다. "인간에게는 나이와 성별 이외에 어떤 차별도 있어서는 안 된다. 욕구와 체질은 만인에게 다 똑같으므로 더욱 똑같은 교육과 음식이 주어져야 할 것이다. 그들에게는 하나의 태양으로 넉넉하고, 하나의 공기로 족한데, 같은 몫과 같은 질의 음식은 어째서 모두에게 부족하단 말인가?"

그런 루소의 사상이 혁명 공포의 빌미가 되기도 했었다니, 역설적이다. 루소는 "보편의지"가 개인을 충분히 행복하게 한다고 확신했다. 죽든 살든 — 평등하기만 하면 된다! 이에 걸맞게 파리 제3계급 출신 의원 기요틴 박사는 1789년, 신분의 차별을 없앤 사형 집행 법안을 제출했다. 그의 제안은 단두대로 구체화되었다. 왕이든 왕비든 혁명가든 범죄자든, 결국 단두대 앞에서는 평등했다.

⚜

"평등"은 주술적인 말이다. 유토피아적 행복, 되찾은 낙원에 대한 상상을 불러일으킨다. 그 믿음은 완벽한 평등이야말로 진정 니르바나의 맛보기일 거라 한다. 계층간의 차별이나 개인의 사치가 없으므로 개인의 궁핍도 없다. 모든 사람들이 즐겁게 자연과 조화를 이루며 모두의 생활수준을 높이기 위해 일한다.

칼 마르크스는 어렸을 때 벌써 이런 꿈을 꾸었다. 트리어의 부모집에 살 때 그의 애독서는 당연히 루소였다. 공산주의적 관점에서 보면 종래의 모든 거대 사회는 불균형 사회다. 어디에서나 하층민으로 넘치는 저울 한쪽이 상류층이 올라선 저울의 다른 쪽을 들어 올린다. 오직 혁명만이 본래적 균형 상태, 보편적 평등을 회복할 수 있다.

⚜

공산주의자들이 등장하기 2천여 년 전, 플라톤도 비슷한 생각을 가지고 있었다. 하지만 그의 사회 진단은 완전히 달랐다. 내용인즉 이러하다.

플라톤은 기원전 427년에 아테네에서 태어났다. 당시 도시국가 아테네는 민주주의Demokratía라는 발명품을 한껏 뽐내고 있었다. 이 도시의 남자 시민 4만 명에게는 "누구에게나 같은 권리·같은 의무"라는 원칙이 적용되었다. 관직은 순번제로 맡았으며, 원로원과 민회의 임명직은 국고에서 수당을 지불했다. "민주" 아테네는 정치·문화적 전성기를 구가했다. 지금도 아크로폴리스는 그때의 면모를 그대로 증언하고 있다. 그러나 평등권에도 한계는 있었다. 노예와 여자, 인접 약소국들은 권리를 누릴 수 없었다. 아테네가 그리스의 지배권을 놓고 스파르타와 힘겨루기를 하고 있을 때, 에게 해의 멜로스 군도는 참전 압력을 받았다. 멜로스가 독립을 고집하자 아테네는 이렇게 받아쳤다. "헛소리 말라! 정의는 힘이 균형을 이룰 때만 통한다는 사실을 모르는가. 강자는 힘닿는 데까지 자신의 이익을 관철시키는 법이니, 약자는 숙여라."

멜로스는 결국 참전했고, 졌다. 아테네는 남자 천오백을 죽이고, 여자와 아이들은 노예로 팔았다. 그래도 이 "민주적" 살인자들은 자신이 옳다고 생각했다. 자연 상태에서 약자에 대한 폭력은 오래고 좋은 관습일 뿐. 그렇다면 자연과 이성의 법칙을 어긴 쪽은 오히려 평등권 따위의 허황한 생각에 사로잡힌 멜로스다. 따라서 멜로스는 말살되어 마땅하다. 그들 생각.

잘난 척하는 것도 잠깐이다. 호전적 선동가들의 손에 넘어간 아테네는 결국 도덕적·군사적 파국으로 치달았다. 전쟁은 스파르타의 승리로 끝났고 기원전 399년에는 플라톤의 스승 소크라테스가 사형을 선고받았다. 피에 굶주린 폭군이 아닌, 시민 법정이 내린 어이없는 판결이었다.

플라톤에게는 민주주의의 도덕적 우월성을 의심할 이유가 충분했다. 그가 생각한 이상 국가는 아테네와 조금도 닮지 않았다. 플라톤이 꿈꾸는 사회는 서로 엄격히 구분되는 세 계급으로 나뉘어져 있다. 즉, 노동자·농민·상공업자 계급은 생계를, 군대의 "파수꾼" 계급은 안보를, 철학자 계급은 지혜로운 통치를 각각 담당한다. 시민 각자가 자신에게 적합한 임무를 성실히 수행할 때 이 국가는 번영할 것이고 국가를 전복시키려는 갖은 술수에 현혹되지 않을 것이다.

플라톤의 정의 개념은 옛 "민주주의자들"이나 현대 공산주의자들의 그것과는 다르다. 공산주의자들은 만인이 원칙적으로 평등하기 때문에 같은 대우를 받아 마땅하다는 사실에서 출발했다 — 같은 권리·같은 교육·같은 재산(마오쩌둥은 "같은 파자마"도 추가했다). 그러나 플라톤은 인간이 원칙적으로 불평등하다고 생각하여 사회적 임무도 불평등하게 분배했다. 음수끼리 곱하면 양수가 되는 것처럼 불평등한 사람들의 불평등 또한 정의로 해석될 수 있다. 플라톤의 이른바 "기하학적 평등"은 실제로 많은 분야에서 통용

된다. 성과급과 누진세, 그리고 셋으로 나뉘어진 학제(독일 학제는 4년간의 초등 교육에 이어 성적에 따라 인문학교, 실업학교, 직업학교로 나뉜다 ― 역자 주) 등은 플라톤의 원리에 의해 운용되는 것이다. 말하자면 각자는 능력과 재능에 따라 보수를 받고 세금을 내고 교육을 받아야 한다는 것이다. 평등은 인간과 직분의 일치에 있다. "각자에게 맞는 것을!"

그런가 하면 나는 투표를 할 때마다 "산술적 평등"에 봉착한다. 여기에는 정치적 소양도 경제력도 나이도 소용 없다. "각자에게 같은 것을!" 첫 투표를 하는 사람보다 인생 경험이 풍부한 정년퇴직자에게 투표권을 더 준다든지, 아니면 앞으로 살 날이 더 많은 젊은 사람에게 노인보다 더 많은 투표권을 주는 것도 생각해 볼 수 있을 텐데. 차기 교육 개혁의 뒤치다꺼리를 미수米壽의 노인이 떠맡지는 않을 거니까.

⚜

"기하학적 평등"과 "산술적 평등" 사이의 갈등에 대한 유명한 예가 신약성서에 나온다. 마태오 복음 20, 1-16에서 예수는 다시 비유로 말씀하신다. 이른 새벽, 주인은 시장에 나가 포도밭에 보낼 일꾼 몇 명을 모은다. 품삯은 은전 한 데나리온이다. 주인은 낮에 또 시장에 가서 일꾼들을 뽑아 보낸다. 이번에도 품삯은 은전 한 데나리온. 그리고 해 지기 전에 데려온 일꾼들에게도 같은 품삯을 주기로 약속한다. 관리인이 품삯을 지불하자 온종일 힘들게 일한 일꾼들이 투덜거렸다. "맨 나중 온 이들은 겨우 한 시간 일했는데도 종일 노고와 무더위를 견딘 우리와 같이 다루시는 겁니까?"(마태 20, 12). 그러나 불평을 터뜨리는 일꾼에게 포도밭 주인은 이렇게 말했다. "나는 당신에게 불의한 일을 하고 있지 않소. 당신은 나와 한 데나리온으로 합의하지 않았소? 당신 품삯이나 가지고 가시오. 나는 맨 나중 온 이에게도 당신과 같이 주고 싶소"(마태 20, 13-14).

주인은 옳았다. 은전은 하늘 나라를 상징하며, 하늘 나라는 돈으로 환산할 수 없는 것이므로. 절반의 출생, 절반의 죽음이 없듯이 절반의 구원도 없다. 구원 앞에서, 인간 실존의 중심에서 — 정말 여기서만 — 인간은 사실 평등하다. 집이 몇 채든, 지위가 뭐든, 몸 **하나**, 영혼 **하나**, 자유 **하나** 달랑 가지고 있다. 자립적이고 스스로 책임지는 인간이라는 이유만으로 그룹 회장이나 노벨 평화상 수상자가 앵벌이나 살인자보다 더 존엄하지는 않다. 존엄성의 저울로 재면 사람의 무게는 모두 똑같다.

⚜

그렇다면 동물은? "모든 동물은 평등하다." 이것은 오웰의 『동물 농장』에서 혁명을 일으킨 돼지들이 헛간 벽에 써 놓은 일곱 계명 중 가장 중요한 끝계명이다. 그들의 잣대로는 맞는 말인지도 모른다. 그러나 인간들은 동물의 왕국을 대충 다섯 계급으로 나누어 버렸다. 우리는 거의 대부분의 동물들을 모르고 관심도 없다. 이 부류가 아마 첫째 그룹

일 것이다. 둘째 그룹은 해로운 동물이다. 그다음이 잡아먹고 젖 짜고 털 깎고 사냥하고 알 낳는 가축들이다. 새, 개, 원숭이 같은 애완동물은 그중 각별한 지위를 점한다. 그리고 절대 죽여서는 안 될 성스러운 동물들이 있다. 신들의 특별한 보호를 받거나 그 자체가 신의 육화(肉化)이기 때문이다. 고대 이집트의 고양이와 악어, 인디언들의 콘도르, 힌두교의 소가 이 범주에 든다. 코끼리와 진드기가 똑같이 존엄하다고 여기는 사람이라면 대단한 평등주의자임에 틀림없다.

개중에는 한술 더 떠 "모든 피조물은 평등하다"고 주장하는 사람도 있다. 인도 고대 자이나교도들이 원조다. 신심 깊은 자이나교 수도승들은 걸을 때도 벌레를 밟지 않으려고 빗자루로 앞길을 쓸며 갔다 한다. 신은 모든 생명에 깃들어 있고, 영혼은 생명에서 생명으로 윤회하는 까닭이다. 재미있는 사고 실험 하나: 아마 우리집 베란다의 거미는 전생에 그레타 가르보였을 것이고, **나의** 내세에는 다리 여덟 달린 우리 큰 고모로 나타날지도 모른다.

⚜

평등을 그렇게 부르짖어도 자이나교는 우리에게 제대로 먹혀들지 않았다. 사회주의 문학에서조차 일벌과 연대할 것을 주장하는 외침은 없다. 평등이 '상향 조정' 되기만을 일방적으로 요구한 건 아닐까? 힘없는 멜로스는 힘센 아테네에게, 프랑스 과격공화파(귀족에 반항하여 짧은 바지 대신 판탈롱을 입은 프랑스 혁명 당시의 하층 계급 ― 역자 주)는 귀족과 성직자에게, 여성은 남성에게 평등을 요구했다. 평등은 가난하고 힘없는 사람들의 고전적인 요구 사항이다. 하지만 더 가난하고, 더 힘없는 사람들과 평등을 나누자는 주장은 **눈에 띄게 드물다**. 그래서 "평등!"이 잘 포장된 정치적 투쟁 구호가 아닌지, 까놓고 말해, "더 많은 것!"을 요구할 때 쓰는 표현이 아닌지 적이 의심스럽다. 프랑스 혁명의 구호 "자유·평등·박애"를 차라리 이렇게 바꾸면 어떨까: "더 큰 권력, 더 많은 돈, **나와 내 편의** 더 큰 즐거움!"

⚜

심각하게 생각하자. 우리는 지독한 불의를 보고도 어깨를 한번 으쓱하며 그냥 지나치거나 그걸 이용하기까지 했다. 누릴 것 다 누리며 사는 우리가 그러고도 양심의 거리낌없이 더 많은 권리를 요구할 수 있는가? 인도의 제화공이 쥐꼬리 품삯으로 건강을 망쳐 가며 일한 덕에 유럽에서 '헐값의' 구두를 살 수 있는 것 아닌가. 굳이 먼 나라를 들먹일 것도 없다. 참상은 가까이에도 있다. 부모가 이혼할 때 아이들에게는 왜 거부권이 없는 걸까? 아이들이야말로 황당한 현실 앞에서 가장 큰 고통을 겪는 당사자가 아닌가? 자신의 삶을 살겠다고 부부 양쪽 혹은 어느 한쪽이 끝까지 제 권리만을 내세우다가 양육권이 국가에 귀속되기라도 하면, 아이들은 뿌리를 잃고 뿔뿔이 흩어져 「코카서스의 백묵원」(브레히트의 희곡. 두 여인이 서로 양육권을 주장하자 백묵으로 그린 원 안에 아이를 세우고 양쪽에서 잡아당기게 함으로써 솔로몬처럼 현명한 판결을 내리는 원나라의 판관 이야기 — 역자 주)이 매일 연출되는 것이다. 안 된다. 저 혼자만 잘살겠다는 판국에 평등권을 요구한다고 무조건 훈장을 줄 리야 없다.

국가가 인정하든 운명이 허락하든, 모든 권리는 선용 의무를 동반한다. 자유는 우리에게 타자의 자유를 존중할 의무를 지운다. 재산권에는 공익의 의무가 따른다. 젊고 건강한 사람은 노약자를 돌봐야 한다. 이렇게 권리와 의무는 대체로 균형을 이룬다. 인류 계약의 의미가 여기에 있다.

⚜

이 무슨 도덕 타령! 진정한 철학자는 이 모든 것을 초월한다. 마음이 평정해지면 **만사가**, 권리도 의무도, 그게 그거다. 현자의 이 신적 무관심을 스토아 학파는 아디아포라 Adiaphora, "무분별심"이라 불렀다. 현자는 부를 가난보다, 가난을 부보다, 권력을 약함보다, 약함을 권력보다, 기쁨을 슬픔보다, 슬픔을 기쁨보다 더 높이 보지 않는다.

바깥 것들이 미망인 줄 꿰뚫어 알아 매사에 무심평정한 영혼에는 더 바랄 것 없는 침묵이 스미고, 그 얼굴은 잠자는 호수 같으니 명경지수에 부처의 미소가 어리어 있구나.

더 알고 싶은 분들께는 세네카의 『루칠리우스에게 보내는 편지』를 권한다.

16

정 보

혹은

「 빌 트 」 지 와 교 양

비참할 때는 기분 전환이 유일한 위안이겠으나, 이것이야말로 비참 가운데 가장 끔찍한 비참이다. 왜냐 하면 기분 전환이란 자성을 방해하여 우리를 은연중에 퇴락시키기 때문이다. 그나마 그것마저 없다면 우리는 권태로워질 것이고, 권태로운 나머지 권태를 이길 더 좋은 방법을 굳이 찾으려 할 것이다. 그러나 기분 전환은 재미를 주기도 하지만 자신도 모르는 사이 죽음에 이르게도 한다.

· 블레즈 파스칼

구멍가게가 죽었다. 그래도 구멍가게 아주머니는 건강하니 다행이라 한다. 아주머니는 이제 길모퉁이 대형 할인매장에서 빵을 팔고 있다. 아침에 건포도빵을 사러 가면 아주머니가 말을 붙인다. "뭐 좋은 일 좀 없수?"

대꾸할 말이 없다. 식전에 별일이 있을 게 있나. 그래도 아주머니는 수닷거리가 끊이는 법이 없다.

"클린턴 기사 읽어 봤수?" 아주머니는 수북이 쌓여 있는 「빌트」지(선정적이고 흥미 위주의 기사로 유명한 독일의 대중 일간지 — 역자 주)를 가리켰다. 헤드라인은 이랬다.

"르윈스키, 클린턴 시가 맛이 어땠니?"

"어떻게 생각하우?" 아주머니가 물었다. "역겹쥬? 젊은 여자가 참 안됐어!"

"정말 민망하네요!" 나도 시가를 피우는데 ⋯. 「빌트」 한 부를 집어 들었다. 사람이 건포도빵만으로는 살 수 없지. 아침 식사에 약간의 '교양'을 곁들인들 뭐가 나쁘랴.

「빌트」Bild와 교양Bildung — 이게 어울리기나 하나? 교양이 뭔데?

유심히 보면 심각한 말에는 대개 논란거리가 숨어 있다. 교양은 뭔가를 "형성한다"bilden는 것이다. 꼴을 갖추고 있지 않은 어떤 것을 꼴 지우는 것이 교양이다. 자연 그대로의 인간은 완전하지도 "완성되지도" 않았다. 장차 형태지워져야 할, "형성되어야" 할 찰흙덩이 같은 것이다. 인격은 이런 교양의 과정을 거쳐 비로소 형태를 갖춘다. 이론이나 공식을 들이파는 것이 교양은 아니다. 브록하우스 백과사전을 달달 외우고, 쉴러의 시「종의 노래」를 줄줄이 읊는 것만으로는 부족하다. 지식만큼 중요한 것은 우리가 새로운 인식에 도달하기까지 사용한 방법이다. 로마로 통하는 길은 많다. 옛길 비아 아피아로 가면 피렌체의 아우토스트라다로 갈 때와 도시 풍광이 딴판이다. 그러니 여러 방법(나들목)들을 알고 있어야 할 것이다. **한 방법밖에 모른다는 것은 아무 방법도 모른다는 뜻이다.** 나들목을 다 봐야 도시의 온 모습을, '진짜' 로마를 안다.

EQ(감성지수)도 교양에서 빼놓을 수 없는 요소다. 탐구는 사람이 하는 것이기 때문이다. 혼자만의 박학다식, 박학다식을 위한 박학다식은 가소롭고 무의미하다. 엘리아스 카네티가 쓴 『현혹』의 주인공 페터 킨 박사가 그렇다. 킨 박사는 당대 최고의 중국학자이자 전형적인 책벌레. 그의 서재에는 다 읽은 책만 무려 이만 오천 권이다. 당최 틀리는 것이 없는 학자요 초인이지만 실생활이나 사람에 대해서는 먹통이다. 이것이 불행의 서막이다. 가정부가 그를 유혹해 결혼에 골인하더니 서재를 차지하고 결국 그를 광기로 몰아넣는다. 킨은 가공 인물지만, 그릇된 교양의 위험은 실재한다. 그 희생자는 근육의 이상異常 발달로 걸을 수 없게 된 보디빌더 같다. 교양 자체가 가치로운 것이 아니다. 교양은 사람에서 나와 사람으로 돌아가야 한다. 늘 사람이 교양의 척도다.

교양의 기초를 다져 줄 사람은 부모와 교사다. 찰흙으로 미완의 형태를 빚는 사람들이다. 미완의 것이 꿈틀거리고 눈을 깜빡이다가 생명으로 깨어난다. 교양의 객체가 교양의 주체로 변한다. 처음에는 살살 더듬다가, 나중에는 점점 세게 주물러, 호문클루스(연금술에서 말하는 작은 인조 인간 — 역자 주)는 스스로 제 몸을 빚는다. 그놈은 "교양의 틈새"를 찾아 메운다. 자신의 강점을 더 도드라져 보이게 만든다. 조각가가 그러하듯, 전체가 조화를 이루는지 유념한다. 그는 자전적 교양소설의 작가이자 주인공이다.

✦

이런 인문주의 교양 개념은 통상적인 교양 개념과 다르다. 전직 연방 대통령 헤어초크는 교양이야말로 **최우선 과제**라고 독일인의 양심에 호소하면서도 정작 들먹인 것은 학교와 대학의 제도 교육이었다. 제도 교육의 목적은 사회 적응력과 직업적 소양을 갖추게 하는 데 있다. 졸업과 자격 시험과 학위 취득은 사회생활로 들어가는 입장권이다. 여기에 개인의 인격까지 도야된다면 금상첨화일 것이나 그것이 제도 교육의 일차 목표는 아닐 터이다. 제도 교육은 졸업장, 자격증, 학위를 **얻음으로써** 끝난다. 그러나 참교양은 끝이 없다. 교양은 소유가 아니라 매일 새롭게 제시되는 과제다. 이 점 사랑과 비슷하다.

사랑은 놀라운 스승이다. 늘 깨어 있게 하고 받아들이도록 준비시킨다. 브레히트의 코이너 씨는 누군가를 사랑하면서 무엇을 했나?

"그 사람의 밑그림을 그려서 비슷해지도록 하죠."

누가 비슷해진다는 건가? 밑그림이?

"아뇨, 사람이."

"이유인즉 이렇습니다." 괴테의 빌헬름 마이스터는 토를 단다. "사람을 있는 그대로 받아들이는 건 그 사람을 더 나빠지게 만드는 겁니다. 그런데 우리가, '사람은 모름지기 이래야 하는데'라는 생각으로 대하면 사람을 원하는 방향으로 이끌 수 있습니다."

이런 사랑은 견디기 힘들다. 사람은 자신을 완전하다고 여기며 "날 있는 그대로 사랑해 줘. 그게 너랑 안 맞으면 가도 돼" 해 버린다. 누군가를 사랑해서 자신을 바꾸는 데는 엄청난 신뢰와 자신감이 필요하다.

플라톤의 동굴 인간 비유는 필경 이를 염두에 둔 것이리라. 사람들이 지하 동굴에 묶여 극장 스크린 같은 것만 줄곧 바라보고 있다. 이들은 화면에 비친 그림자를 실제 삶으로 알고 그걸 보며 재미있어한다. 그들은 아무것도 모르고 있다. 누군가가 그들을 그림자 인생에서 구해 햇볕 드는 곳으로 데려가려 해도 막무가내로 버틴다. 교양은 끝없는 탄생, 탄생에는 반드시 고통이 따르는 법.

❧

"플라토닉 러브"를 안전한 섹스safer sex의 전형쯤으로 여기는 사람이 많다. 플라톤이 진짜로 하고 싶었던 말은 이것이다. 모든 인간은 인류의 이상을 잉태하고 있는데 이것을 낳으려면 도움이 필요하다. 플라토니스트는 인간 내면에 깃든 선성을 사랑하기에 선의 산파 노릇을 하는 것이다.

"플라토닉 러브? 난 만지는 게 더 좋은데." 어이구, 빵 아주머니, 어련하시겠수. 하지만 누가 이 아주머니에게 눈 흘길 수 있으랴. 교양이 있다고 꼭 더 행복한 건 아니다. 설교자 솔로몬이 이르기를: "어떻게 사는 것이 지혜로운 일인지 … 알아보려고 무척 애를 써 보았지만, 그것 또한 바람을 잡는 것 같은 일이었다. 어차피 지혜가 많으면 괴로운 일도 많고 아는 것이 많으면 걱정도 많아지는 법이다"(전도 3, 17-18).

백과사전적 지식과 나무랄 데 없는 품행은 절로 우러러 보이고, 자기가 그렇다면 긍지로 가슴이 터질 것이다. 그러나 솔직해지자. 가끔 그런 걸 팽개쳐 버리고 싶지 않은가. 어쩌다 술 한잔 걸치고 선을 넘으면 개가 되질 않는가. 마구 퍼마시고, 처먹고, 코난처럼 싸움질하지 않는가. 헛소리하는 놈 얼굴에다 트림을 하고, 빵빵한 엉덩이에는 절로 손이 가고, 구역질나는 문화 따위는 없어도 전혀 아쉬울 것 없지 않은가. 한 끼쯤 맥도날드에서 때워? 그거 괜찮네, 죽이지, 죽이잖아. 이 마당에 누가 도끼눈을 뜨고, 사람이 어쩌면 이리도 망가질 수 있냐고, 배울 만큼 배운 분이라 점잖은 줄 알았다고, 거들기라도 하면 아니꼬워 한마디 씹어 뱉을 것이다. "건방도 교양이야, 짜샤!"

사실, 현명한 무식도 있고 한심하기 이를 데 없는 사이
비 교양도 있다. 과시용 교양은 늘 신분의 상징이었다. 장
서와 가정교사를 소유할 수 있었던 일부 '윗분들'은 교양
으로 자신의 우월성을 증명했고 콧구멍이나 쑤시는 '천한
것들'로부터 자신을 보호했다. "더 나은 사람이 되려는"
교양의 이상주의적 목표는 왜곡되었다. 예나 이제나 교양
을 쌓는답시고 '좀더 잘나 보려고'만 한다. 이 바닥 분이
라면 아시겠지만, 옛날엔 번지르르한 라틴어로, 요즘은 그
로벌한 사이버 언어로 잘난 척들 하고 있다. 말끝마다 잘
나가는 프랑스 '지성'들을 인용하고, 독일 신문의 문예란
이 제법 애호하는 특정 문체를 애써 연마한다. 그런 문체
의 주목적은 뜻을 명료하게 전달하는 것이 아니라 모종의
지적 구린내를 확산시키는 데 있다. 교양이 오만방자한 설
교로 흐른다면 그건 순전히 자업자득이다.

⚜

그래서 "교양"이라는 이 퀴퀴한 개념은 "정보"Information라
는 참신하고 투명한 개념으로 후다닥 바뀌었다. 정보도 교
양과 닮은 데가 있지만(라틴어 "인포르마레"informare: "형상화하
다, 형성하다, 가르치다"), 그 이미지는 영 딴판이다. 정보는,
말하자면 현대적·민주적 성향으로 무장한 신세대 교양이
다. 젊고, 튀고, 제 하고 싶은 건 물불 안 가리고 한다.

예나 지금이나 선생님은 전형적인 교양의 전달자다. 때
로는 자상하게 때로는 엄하게 제자의 갈 길을 일러 주는

아버지 같은 동반자다. '좋은 책'이 선생님을 대신하기도 했다: 호메로스, 성서, 플루타르크, 로빈슨 크루소, 데이빗 코퍼필드. 정보는 신문·시사 잡지·라디오·텔레비전·인터넷 등 다른 루트로도 전달된다. 매체가 뉴스를 결정한다. 시의성, 편집 가능성, 획득의 용이성 등은 정보가 지닌 특성이다.

텔레타이프 수신기는 실로 혁명적이었다. 1844년 5월, 사무엘 모스는 워싱턴에서 볼티모어로 사상 최초의 전보를 쳤다. 하느님이 보시기에 좋을 만한 몇 줄의 글이었다. 이 텔레타이프는 범세계적 정보 네트워크의 첫 단추를 꿴 것이었다. 그것을 효시로, 후세대 멀티미디어들은 공간적 거리를 없애더니 결국 시간의 제약마저 해소시켰다. 정보화된 인간은 생중계 덕분에 어디서나 실시간으로 현장을 체험한다. 시드니의 테니스 경기장, 플로리다의 회오리바람, 심지어 달 산책까지. 옛 교양인들은 역사에 해박했다. 오늘의 교양인은 자신이 역사다. 오늘 일은 모르는 게 없고, 지난주 일은 약간 알고, 작년 일은 전혀 모르는 게 정보화 시대의 인간이다. 자기 태어나기 전 일들은 죄다 아예 아득한 태곳적 일이다. 정보는 사건의 맥락을 갈가리 찢고, 역사를 새것들의 홍수 속에 묻어 버린다.

교양이 진지한 내용으로 승부를 건다면 정보는 유쾌한 다양성으로 밀어붙인다. 인기 앵커라면 누구나 지식과 뉴스와 약간의 '수다'를 적당히 버무려 소화 잘되는 샐러드를 차려 낼 수 있다. 오존층, 수단 내전, 클린턴의 운명에 관한 새로운 소식들이 동일한 전문성에 실려 전달된다. 이런 뉴스 믹스를 놓치지 않으려고 매일 수천만 시청자가 텔레비전 앞에 앉는다는 사실에서 내려지는 결론은 빤하다. 정보는 온 국민의 하리보 젤리(즐겨 먹기로 치면 우리나라 새우 깡쯤 될까? — 역자 주)라는 것. 약간의 아편이 봉지 속에 들어 있을지도 모르겠다. "타게스샤우"(독일 국영방송 ARD의 뉴스 프로그램 — 역자 주)는 봐야 이튿날 한마디 거들 수 있다. 똑 부러지게 아는 건 없어도 '금시초문'은 면한다. 어떤 화제를 놓고 한순간 분위기 타서 해 보는 말이 근거있는 주장과 헷갈릴 만큼 흡사하다. 내일이면 식은 커피가 되어 모레면 어차피 잊혀질 텐데 누가 확신 따윌 요구하랴?

⚜

약속하건대 정보화 시대에는 시도 때도 없이 아무나 정보를 얻을 수 있다. 이제는 검열도 없고, 고풍창연한 대학도서관에서 주눅 들 필요도 없다. 개인용 컴퓨터 한 대만 있으면 하버드 대학 교수나 이집트의 쿠란 생도나 몽고의 양치기 소년이나 지혜의 샘터 앞에 앉아 있기는 마찬가지이다. 클릭 한번에 — **열려라 웹사이트!** — 셋 다 인터넷이라는 거대 두뇌의 동등한 세포가 된다. 정보 천하. 커뮤니케이션 천하. 혼란 천하.

　의미 있게 처리되지 않은 정보는 기약한 바와 반대의 결과를 낳는다. 정보를 차단함으로써 사람을 바보로 만들어 버릴 수 있다. 과잉 정보도 같은 결과를 낳는다. 정보기관은 적을 기만하고 전투력을 마비시키기 위해 거짓정보를 흘린다. 닐 포스트먼은 거짓정보를 이렇게 정의한다. "부적절하고, 시시하며, 부스러기에 껍데기뿐이어서 남을 헷갈리게 하는 정보, 스스로 안다고 착각하게 만들면서 사실은 앎에서 점점 멀어지게 꼬드기는 정보." 바로 이런 일이 우리에게 일어나고 있다. 우리는 파푸아뉴기니의 원시림이 어떻게 생겼는지 안다. 하지만 너도밤나무와 오리나무의 차이를 아는가? 아, 바랄 걸 바라야지, 제비와 황새의 차이는? 두 달 전 옆집 할머니가 텔레비전을 보다 돌아가시고 텔레비전은 아직도 그냥 켜져 있는데, 우리는 알래스카의 생판 모르는 사람과 "채팅을 하고 있다". 포스트먼 이야기를 더 들어 보자. "세계를 향해 마음 열었다고 생각한 대가로 내 이웃에는 까막눈이 되었다." 텔레비전 드라마와 인터넷 사이트가 짐짓 영혼의 고향을 대신해 줄 거라지만, 우리 자신을 찾을 수 있도록 고안된 검색 기계는 어디에도 없다. 정보가 교양을 대신할 수는 없다. 정보를 올바로 사용하고 싶다면 먼저 교양을 갖출 일이다.

다른 한편, ― 철학자에게는 늘 '다른 한편'이 있다 ― 모든 새로운 것은 선입견과 맞서 싸워야 한다. 초기 영화를 생각해 보자. 영화가 걸음마를 배우던 시절, 「골드 러쉬」, 「안드레이 루블료프」, 「펄프 픽션」 같은 영화가 나올 줄 꿈엔들 생각했겠는가? 책도 처음부터 문화의 보고寶庫로

대접받은 것은 아니었다. 소크라테스는 생각을 글로 고정시키는 걸 싫어했다. 책이 청소년들의 기억력을 떨어뜨린다는 생각에서였다. 분명 일리가 있지만 문자의 축복은 그 해악을 훨씬 능가했다. 인터넷이 무엇을 가져다줄지는 좀 더 기다려 보자! 지금으로서는 달리 뾰족한 방법이 없다.

✦

내 「빌트」지는 인터넷 신문 기자 맷 드럿지에 관한 정보를 제공했다. 이자는 자기의 선정적 인터넷 신문에 클린턴의 성생활에 대한 쇼킹한 풍문들을 사진 석 장과 함께 올렸다. 챙 넓은 모자의 드럿지, '강력한 하바나 시가'를 문 클린턴, 전라의 르윈스키. 나머지는 스스로 생각할 일이다. 나 자신 충분히 그럴 수 있었고 또 그러고 **싶기도 했다.** 생각할 거리가 정말 많았다.

그렇다. 「빌트」를 과소평가해서는 안 된다. 잘난 머리 하나 믿고 사는 사람은 「프랑크푸르터 알게마이네 차이퉁」 FAZ 같은 걸 읽어라. 하지만 "너 자신을 알라!"는 델피 신전의 경구를 진지하게 받아들이거든 「빌트」를 펼쳐 보아라! 「빌트」는 영혼의 거울이다. 근데 어느 신문의 스포츠면이 더 재밌더라?

더 알고 싶은 분들께는 토마스 만의 『마의 산』을 일곱 번 권한다.

17

여 행

혹은

인 생 이 란 길 을 가 고 있 음 이 다

사람은 쉼 없이 여행하는 나그네라,
죽어서야 제 고향에 돌아가네.
세상은 잠시 묵어가는 거처일 뿐
수천 년 먼지만 수북이 쌓였네.

· 이태백

한때는 무한하여 닿을 수 없던 곳들이 유한해져서 닿을 수 있게 되는 것 — 이것이 여행의 재앙이자 쾌락이다. 이런 유한성과 도달 가능성은 헤어날 수 없는 정신적 한계를 긋는다. … 많이 여행한 사람이 전혀 여행하지 않은 사람보다 더 땅에 집착한다.

· 막스 도슨데이

칠성무당벌레가 희한한 가죽 대륙 위를 기어간다. 언덕진 대륙은 오르락내리락 울퉁불퉁하다. 사실은 일년 전 브레멘의 한 보세점에서 산 올리브색 가죽코트다. 나는 지금 식당 칸으로 가고 있다. 내 걸음은 정상 속도, 대략 시속 2~3킬로 정도, 그런데 차창 밖 경치는 무섭게 질주한다. 양탄자 같은 가을 들판, 이름 모를 시골 마을, 방음벽, 터널. 전광판에 표시된 고속철의 현재 속도는 시속 198킬로. 퀴즈: 그럼 무당벌레의 현재 속도는?

움직임은 상대적이다. 여행도 상대적이다. 여행에서 본질적인 것은 장소의 변화가 아니라 의식의 변화다. 창 없는 방음 상자 안에 갇혀 세계를 한 바퀴 돈다고 해서 세계여행을 한 것은 아니다. 수년 동안 빈젠/루에(독일 니더작센 주의 도시 — 역자 주)에서 함부르크까지 기차 통근한 사람을 여행자라 부르지는 않는다. 그러나 자기 방구석에 틀어박혀 LSD로 환각에 빠지는 것이 아마존 탐험보다 더 짜릿할 수 있다. 늘 가던 역전 길도 눈 감고 가면 모험 넘치는 여행이 된다. 여행은 낯선 것을 경험하고 자아를 체험하는 것이다. 더 정확하게는, 낯선 것을 경험함으로써 얻는 자아 체험이다.

좀 덜 이론적으로는 말할 수 없나? 물론 있다.

"여행은 바람피우는 거랑 비슷해요." 리디아가 말했다. "일상을 훌훌 털어 버리죠. 그럼 삶에 톡 쏘는 맛이 생겨요. 나날을 조르륵 몸 안에 마시는 거예요. 이비짜 섬(여름

관광지로 유명한 지중해 스페인령 발레아렌 군도의 한 섬 — 역자 주),
그 섬에 가면 가볍게 술 취한 기분이 들어요. 태양, 따뜻
한 바람, 해변의 저녁, 가슴 가득 숨 들이키고, 기분도 내
보고, 음, 연애도 약간 …, 혹시 알아요? 일이 잘될지.”
그녀는 한숨을 내쉬었다. “근데, 오래 집 떠나 있다 보면
집에 가고 싶다는 생각도 들어요.”
　“바람피울 때도 그런 기분이겠지?”
　“그야 아저씨가 더 잘 알겠죠.”
　나는 순진한 척 눈을 동그랗게 떴다. “내가? 내가 피우
는 바람은 좀 다르지. 책을 읽다가 따분해지면 몇 쪽을 휙
휙 넘기면서 바람을 피우는 거야. 그러고 나면 며칠은 마
음이 찜찜해.”
　“그냥 싹둑 잘라 버릴 거예요.” 그녀는 거울 속의 내게
겁을 주면서 사각사각 가위질을 했다. 내 단골 미용사 리
디아는 나보다 스무 살 어리고 여행을 끔찍이 좋아한다.

⚜

여행 떠날 엄두를 내는 게 예삿일은 아니다. 대개는 짐 챙
기는 걸 귀찮아한다. 여행 전야의 흥분을 가라앉히려고 진
정제를 먹기도 한다. 자동차 여행은 차가 밀려 찜통에 갇
히고, 공항에서는 허리가 끊어지게 오래 서서 기다리고,
유람선에서 음식을 주문하면 함흥차사다. 휴양지에서는 카
메라를 도둑맞고 호텔 방에는 벼룩이 뛰어다닌다. 본토박
이들은 말이 전혀 안 통하거나 아니면 지독한 두이스부르

크 사투리로 말을 거는데, 실은 이게 더 싫다. 정말이지 여행이 그저 즐겁기만 한 건 아니다. 그래서 시인의 이런 경고가 그럴싸해 보이는 것이다.

> 바보는 여행을 다니면서 짜증 내고,
> 현자는 침대에 누워 편히 쉰다.

그러나 여행이 시야를 넓혀 주지 않는가! 정말? 스토아 철학자 세네카의 견해는 사뭇 달랐다. "그저 여행만 다닌다고 무슨 도움이 되겠는가? 여행을 다녀도 영혼은 욕정에서 벗어나지 못한다. 여행을 다닌다고 판단력이 좋아지는 것도 아니고, 오류가 사라지는 것도 아니다. 처음 보는 물건을 대하는 아이처럼 새로운 인상에 한동안 사로잡힐 따름이다. 또 여행에서 받은 번잡한 인상 때문에 영혼은 더 불안정하고 천박해진다."

과연 그렇다! "시야가 넓어진다"는 말은 자기 기만이다. 현자賢者를 감옥에 가두어 보라. 보에티우스의 『철학의 위안』 같은 책이 나온다. 바보를 세계여행 보내 보라. 햇볕에 시커멓게 그을린 바보가 돌아온다. 겨우 몇 주 이국 정취에 코 처박고 그중 며칠은 변기만 붙들고 살다가 와서는 그곳에 대해 모르는 게 없는 애호가인 양 떠벌린다. 가이드의 설명도 알아들은 건 대충 몇 마디밖에 없었고, 커피 한잔 주문할 때조차 말이 안 통해 버벅거렸는데. 이 지경이니 본토박이들과 마주칠 일은 세 가지밖에 없다. 돈 쓰고, 팁 주고, 도둑 맞고.

정말이지 더 고약한 괴질은 '소명의식'에 투철한 오지 배낭족들이다. 그들은 늘 순박한 인심의 고장과 전인미답의 바닷가를 찾아다니며 평소 자기가 사랑한다고 호언했던 모든 것들을 오염시킨다. 그들은 에덴 동산의 뱀, 쓰레기 같은 사회의 창날, 야만 행위의 강력한 옹호자다. 순결한 소녀와 잠자리를 같이함으로써 매독을 고치려 했던 18세기 날나리들도 같은 유의 인간이었다. 차라리 발러만(스페인 마요르카 섬의 유흥가 ― 역자 주) 사창가를 단골로 드나드는 인간들이 백번 낫다.

⚜

따라서 여행 욕구는 덕목도 행복의 열쇠도 아니다. 그래도 세상의 현자들은 힘들고 고달픈 여행을 마다하지 않았다. 소피스트, 조르다노 브루노, 데카르트, 라이프니쯔, 비트겐슈타인 ― 이 밖에도 얼마든지 있다. 그렇다. 역마살이 바로 철학의 본질적 특성이다. 철학자는 삶에 필요한 모든 것을 스스로 지니고 있기 때문에 어딜 가나 푸근하다. 고향이 어디냐고 물었을 때 디오게네스는 이렇게 대답했다고 한다. "나는 세계 시민이다."

인도의 왕자 싯다르타는 더 극단적인 말을 했다. "불결한 처소, 집에서의 삶은 갑갑하며 탁발승의 고향은 하늘 아래 온 세상이다. 출가하지 않고서는 완전하고 지순하며 온전한 해탈에 이르기가 쉽지 않다. 나는 삭발하고 탁발승의 주황빛 승복을 입은 채 출가하여 방랑에 들려 한다."

단칸방에 사는 사람은 작은 전셋집이라도, 전셋집에 사는 사람은 내 집 한 채를, 내 집을 가진 사람은 하얀 전원주택을, 별장을, 성을 갖고 싶어 한다. 그러나 카필라바투(네팔 국경 근처. 싯다르타의 탄생지 룸비니 동산이 가까이 있음 — 역자주)의 동화 같은 성도 별빛 총총한 밤하늘에 비하면 개집에 불과하다. 싯다르타 왕자는 머나먼 성불의 길 떠났으니, 그 길이 바로 삶의 목표였다.

다른 종교의 창시자들도 집에만 틀어박혀 있지 않았다. 예수는 팔레스티나 지방을 떠돌며 가르치고 병자를 고쳤다. 사도 바울로는 로마 제국 동쪽을 돌아 힘겹고 위험한 세 차례의 전교 여행을 했다. 예언자로 부름받기 전 무함마드는 세상을 두루 다니다가 고향 메카가 아닌 — 예언자는 고향에서 목숨만 건져도 다행이다 — 피난처 메디나에서 자신의 종교를 세울 수 있었다. 보수적인 공자도 더불어 치국을 논할 만한 성군을 찾아 천하를 주유했다.

소크라테스만은 예외인 듯하다. 그는 먼 여행을 다니지 않았다. 소송에 걸렸을 때도 테살리아로 피신할 수 있었는데 고향 아테네에서 죽음을 택했다. 친구 크리톤이 도망을 재촉하자 철학자는 간밤 꿈 얘기를 했다. "흰옷의 아름다운 여인이 다가와 '소크라테스, **사흘 후면 그대는 피티아의 옥토에 가 있을 거예요**'라고 한 것 같다네."

크리톤은 꿈속의 피티아가 테살리아에 있으므로 소크라테스가 재판에서 이길 거라고 믿었다. 흰옷 여인이 전해 준 말은 『일리아스』에 나온다. 피티아 출신 아킬레스는 아가멤논과의 전쟁을 치른 후 귀향 채비를 하며 말한다. "암초를 흔드는 포세이돈이 내게 무사한 여행을 허락한다면 사흘 후 나는 피티아의 옥토에 있으리라. 집 떠날 때 거기 두고 온 것이 많구나 …."

아킬레스는 향수에 몸부림쳤다. 노년의 소크라테스도 "향수"에 가슴을 저몄다. 지금 내가 있는 데가 이미 "타향"인데, 피신이 무슨 의미가 있겠나 싶었다. 세상이 하나의 거대한 귀양지, 이 도시나 저 도시나 거기서 거기 아닌가. 일찌감치 참고향으로 돌아갈 수 있는 기회가 왔는데 구차한 목숨 몇 년 더 부지해 무엇하랴.

전 생애가 윤회의 한 단계, 사람은 순례자, 죽음은 행복한 귀향 — 이런 생각과 느낌은 인간이 삶을 알려고 애쓴 이래 일관되게 따라다닌 모티프였다. 실제 순례 여행을 떠나는 일은 — 메카든 루르드든 썬텐족들의 '성지' 이비짜든 — 그래서 상징적인 행위일 뿐이다. 삶이 길을 가고 있음이라면 길을 가고 있음은 삶이다. 논리적으로 꼭 그렇다는 게 아니다. 언제부터 무의식이 논리를 따랐다고!

그럼 성지 순례자와 이비짜 여행객을 같이 취급해도 된단 뜻인가? 나는 본질적인 차이를 모르겠다. 중세 그리스도교 순례자들은 현대판 단체 관광의 선구자였음이 분명하다. 예루살렘, 로마와 함께 가장 중요한 성지 중 하나였던 스페인 북서쪽 산티아고 데 콤포스텔라에는 해마다 수십만의 순례객들이 걷거나 말을 타고, 때로는 다리를 절며 찾아들었다. 게다가 순례 코스, 숙박 시설, 휴대 식량, 풍물과 풍습, 바스크 지방의 노상 강도 경고문 등 갖가지 정보를 담은 안내 책자까지 있었다. 여자는 순례자 서너 명당 한 명꼴이었는데, 목적지 성 야고보 묘에만 도착하면 각종 죄가 몽땅 사해질 거라는 기대에 부풀어 (적어도 도착하기 전까지는) 한 번 더 방탕한 짓을 할 수 있었다. 기념품은 주로 성 야고보의 조개였다(야고보 성인 묘에서 순례자들이 물 마실 때 사용한 조개 — 역자 주). 이 조개는 요즘의 그을린 피부나 기념사진처럼, 성지순례를 성공적으로 마쳤음을 증명하는 것이었다.

⚜

정처 없이 떠났다가 아무 때나 돌아오는 것도 여행의 한 방법이다. 그러나 모험과 행운을 좇아 무지개 저편으로 떠나는 여행이라면 이야기가 다르다. 내 어릴 적 부르던 노래 헨스헨클라인 ···.

> 헨스헨클라인 혼자서
> 넓은 세상으로 길 떠났다네.
> 지팡이 짚고 모자를 쓰고
> 기분 좋게 걸어간다네.

사과처럼 볼이 빨간 아이가 신나게 집을 떠나는 장면이다.
길은 멀리 굽이돌고 엄마는 문설주에 기대어 하염없이 눈
물 흘린다.

> 헨스헨 떠난 뒤
> 엄마는 울었네.
> 아이는 가만히 생각하다가
> 얼른 집으로 돌아가네.

나는 헨스헨클라인과 그 엄마를 절대로 용서하지 않았다.
멍청하기는! 도대체 왜 되돌아갔지? 왜? 작은 닐스 홀거슨
의 배짱이 차라리 낫다! 엄마가 홧병으로 죽었는데도 젊은
파르치팔은 뒤도 돌아보지 않았다. 하루 뒤 그는 아름다운
공작부인 예슈테의 처소에서 기사의 첫 직분을 수행했다.
브라보! 확신에 차서 운명의 품에 안기는 그 기분이야말로
얼마나 감격스러운가! "나는 알았다, 노정 어디쯤엔가 소
녀가, 환상이, 모든 것이 있을 줄을, 언젠가 진주 한 아름
이 주어질 줄을." 뉴욕을 떠날 때 그런 마음이었다고 잭
케루액은 말한다. "어느 날 아침 내 포근한 침대를 정리한
후 필수품 몇 개로 배낭을 꾸려 태평양으로 떠났다. 주머
니에는 달랑 50달러뿐이었다."
　　내 나이 15세, 쇼핑백 두 개만 들고 가출할 때 수중엔
정말 땡전 한 푼 없었다. 돈은 뭐하러! 행선지는 무슨 행

선지! 세상이 온통 공주와 (내가 받을) 왕국의 절반으로 가득한데. 4번 국도에서 얻어 탄 트럭의 조수석은 "아르고 별자리"의 뱃머리였다. 디젤 트럭은 흔들리고 라디오는 노래를 토해 냈다. *House of the Rising Sun*(「해 뜨는 집」). 약발 제대로 받고 있었다. 헨스헨클라인에 대한 때늦은 복수. *There was a house in New Orleans, they called "The Rising Sun"* … (뉴올리언스에 집이 있었네, 사람들은 그 집을 "해 뜨는 집"이라 불렀다네 …). 윌첸(니더작센 주의 도시 — 역자 주)에 다다를 때까지 몽환이 지속되었다. 아깝다, 살면서 이런 여행을 한 번밖에 할 수 없다는 게.

⚜

"이제 여행 안 다니세요?" 고개를 갸우뚱거리며 리디아가 물었다.

"이젠 별로야. 다닐 만큼 다녔잖아."

"난 휴가 없이는 못 살아요. 작년에는 비행기를 근 마흔 시간이나 탄걸요."

"겨우 마흔 시간? 난 더 오래 탔어."

가위 소리가 끊겼다. "정말요?"

"거의 만 정도."

"킬로?"

"시간. 태양을 한 바퀴 돌았어."

"정말 잘라 버릴 거예요, 정말요!"

다시 무당벌레 이야기. 표면 위로 고속철이 기어 다니는 지구는 자전하면서 태양계를 돌고 있다. 태양계는 은하계의 나선형 변방에 속한다. 중심부로 여행하는 데는 암만 서둘러도 족히 이억 오천만 년은 걸린다. 은하계 자체도 여행 중이다. 대폭발의 황량한 현장에서는 사라졌다.

방금 떠올랐는데, 해 보고 싶은 여행이 아직 **하나** 남았다. 유명한 "쌍둥이 역설"에 나오는 그 여행 말이다. 내가 빛의 속도로 우주의 급커브를 질주하다 돌아왔을 때, 내 나이는 리디아와 같을 것이다.

더 알고 싶은 분들께는 Michael Crichton, *Travels* (Knopf 1988)를 권한다.

18

전 쟁

혹은

불 안 은 덕 목 인 가

존경하는 부모님! 축하해 주십시오. 장렬한 죽음을 맞이할 기회를 맞았습니다. 오늘이 제 최후의 날입니다. 조국의 운명은 남태평양에서 벌어지는 한판 전투에 달려 있습니다. 화려하게 산화하는 사쿠라 꽃잎처럼 아들은 저 바다에서 한목숨 바칠 것입니다 ….

· 어느 카미카제 조종사의 유서

1870년, 나의 증조할아버지는 마르스 라 투어 전투에 참전했다. 할아버지는 1차 대전 때 부상병 후송 마차를 몰았다. 아버지는 2차 대전 때 레닌그라드 근처까지 진격했다. 나는 이런 가문의 전통을 잇고 싶은 생각이 별로 없었다. 그래서 신체검사를 받기 전에 양심적 병역 거부 신청서를 냈다. 사유를 제시하는 일은 어렵지 않았다. 전쟁, 그것은 미친 짓, 이승에서 맛보는 지옥, 절대악이었다. 전쟁은 베르둔, 스탈린그라드, 히로시마, 미라이였다. 무슨 근거로 수백만의 죄 없는 목숨을 무참히 죽였는가? 강간·살상·파괴·추방이 어떻게 정당화되는가? 안 된다. 절대 안 된다! **전쟁하지 말라! 사랑하라!** 절대로, 절대로, 절대로 두 번 다시 전쟁은 안 된다! 무척 간단했다. 열여덟 살 소년에게는 모든 일이 굉장히 간단한 법이다.

이제 한 세대가 지났다. 나도 나이가 들었다. 올봄엔 라디오를 틀 때마다 나토의 구 유고 공습 뉴스가 귀 따갑게 들린다. 우리 정치가들은 입에 담고 싶지 않은 이야기겠지만, 지금은 전쟁 중이다, 그것도 유럽 한복판에서. 그리고 독일군이 참전하고 있다. 환장할 일이다. 더욱 환장할 일은, 평화주의자를 자처하는 사람들까지 이번 전쟁을 **찬성**한다는 것이다! 200만 알바니아인들이 고향에서 쫓겨나는 처참한 꼴을 보고만 있지 못해 어쩔 수 없이 공습한다? 그 목적이 토네이도 전폭기의 출격을 용서한다? 그렇다면 **도덕적 전쟁**이란 게 정말 있단 말인가?

현실주의자는 모든 전쟁이 도덕적이라고 한다. 전쟁을 일으킨 사람이 도덕적으로 곤혹해진 적은 지금까지 없었다. 그리스도의 무덤을 "탈환하기 위해" 예루살렘을 침공했던 십자군 기사들이 양심의 가책을 느꼈을까? 천만에! 교황은 그 일이 "하느님의 뜻"임을 친히 선포했다. 거룩한 분노에 휩싸인 그리스도인들이 점령지 예루살렘의 무슬림과 유대인들을 5만 명이나 살육한 1099년 6월 15일의 대학살은 오히려 하느님께 드리는 일종의 **예배**였다. "하느님의 뜻"은 지금도 애용되는 전쟁의 근거다.

신을 믿지 않는 사람은 마키아벨리를 끌어들인다. "정복욕은 대단히 자연스럽고 보편적인 것이라, 정복할 만한 힘을 가진 군주가 정복에 나서면 칭송을 받지 적어도 비난을 받지는 않는다." 침략 전쟁은 패배로 막을 내렸을 때만 비난받으며, 도덕도 언제나 승리자가 장악한다는 것이 피렌체의 철학자 마키아벨리의 생각이었다. 전적으로 틀린 말은 아니다.

현대의 국방장관들은 **차악**次惡을 참전의 논거로 내세우기를 좋아한다. 대개는 더 참혹한 피해를 막아야겠을 때 전쟁을 결심한다. (6일 전쟁 당시의) 이스라엘처럼 적의 공격을 미연에 방지하려고, (베트남전에서의) 미국처럼 전체주의 이데올로기의 확산을 막으려고, (현재 코소보의 독일처럼) 민족 말살을 저지하려고 전쟁에 가담하기도 한다. 그렇다면 공격자가 생명과 자유의 이념과 인권의 수호자인가? 실제로 그러한 몇몇 구체적이고 특수한 사례가 있을지도 모르겠지만 이런 논거는 구조적으로 문제가 있다. 즉, 예방 전쟁을 통해서라도 막아야 할 그 위험은 당면하지 않은 한 늘 **가설적**이다. 하지만 지금까지 이런 가설이 없었던 적이 없었거니와, 군의 도상훈련은 이런 가설로 점철되어 있다. 모든 전쟁의 첫 희생자는 진실이다.

⚜

오늘날 전쟁은 무조건 저주받을 짓은 아니라 해도 엄청 꺼림칙해 보인다. 하지만 늘 그랬던 건 아니었다. 서양에서 철학이 싹틀 무렵 이런 말이 있었다. "전쟁은 만물의 아버지다." 이 엄청난 진리를 설파한 헤라클레이토스는 페르시아 전쟁 발발 전후에 살았던 철학자였다. 그때만 해도 대오를 갖춘 병사들이 일 대 일로 정면 승부를 펼쳤고 불문율을 지켰다. 마치 의식을 치르는 것 같았다. 그런 점에서 당시의 전쟁은 지금보다 정정당당했다. 그렇더라도 "전쟁이 만물의 아버지"라는 주장은 좀 뻔뻔스럽다. 파괴가 창조의 동력이라니? 헤라클레이토스는 전쟁의 의미를 비유적으로 말한 것일까? 만물이 대립과 모순에서 생성된다는 말을 하고 싶었을까? 그러니까, 경제는 경쟁력 싸움이고, 민주주의는 선거전이고, 철학은 여러 견해들 간의 말싸움이고, 법은 기소와 변호 간의 공방인가?

　일차원적인 것 — 독점, 통일당(구 동독의 독일사회주의통일당 — 역자 주), 독단 — 은 모두 풍요롭지 못하다. 실제로 풍성한 열매를 맺는 것은 대립들 사이의 "전쟁"이다. 이를 우리의 주제에 적용하면 이렇다. 한목소리로 전쟁을 매도해 봐야 진전이 없으니 차라리 공정한 재판에 회부하자!

⚜

전쟁과 평화 (단막 재판극)

철학 (재판석에서): 개정합니다. 검사, 기소하시오.

평화: 전쟁을 기소합니다. 모든 재앙이 농축된 것이 바로 전쟁입니다. 전쟁이 흑사병, 기아, 죽음과 더불어 묵시록적 사중주를 연주하며 엄습하면 아름답고 소중한 것들은 모두 절멸되고 시신 즐비한 폐허에는 포연만 자욱할 뿐입니다. 그러나 "평화"는 "행복"과 동의어입니다. 사람들이 낙원을 평화의 본고장으로 상상하는 데는 그만한 이유가 있는 겁니다. 그리고 "싸우다 고이 잠들라"라고 쓴 묘비명 보셨습니까? 그런 거 없습니다. 모든 사람은 마음 안팎의 평화를 갈망합니다. 전쟁은 모든 범죄의 아버지니 절멸해야 마땅합니다.

전쟁 (가소롭다는 듯 웃으며): 에덴 동산에서 모두가 조화롭게 살았다느니 마르크스를 좇아 공산주의가 지상에 복원될 거라느니 하는 주장, 모두 인정합니다. 그러나 유치한 백일몽일 뿐입니다. 현실적으로 갈등 없는 삶은 상상할 수 없습니다. 플라톤이 말했고, 홉스가 확인했으며, 다윈은 생물학적 근거를 제시했습니다. 삶이란 **만인의 만인에 대한 무자비한 투쟁**입니다. 나, "전쟁"이 정상적인 상태지,

평화는 그저 내가 숨을 고르기 위해 잠시 쉴 때만 기를 펴는 놈입니다.

평화: "만인의 만인에 대한 투쟁"은 철학이 머리 굴려 짜낸 말입니다. 인류가 외톨박이 살인자들로만 이루어진 건 아니죠. 가정에는 사랑과 화목이 넘쳐흐릅니다. 나라 안의 문제는 대개 합의와 법률로 조정됩니다. 국제 분쟁의 군사적 해결을 영구적으로 종식시키지 못할 이유가 뭡니까? 거기 그리 많은 것이 필요합니까? (이 점 칸트도 알고 있었습니다.) 만국의 민주화, 국제법을 감시하는 일종의 세계 경찰, 세계 시민 양성 교육 등만 있으면 됩니다.

전쟁 (웃으며): 인간들이 왜 서로 동맹을 맺습니까? 다섯 손가락이 주먹을 만들고, 주먹이 문제를 더 잘 척결할 수 있습니다. 국가가 도적떼와 무엇이 다릅니까? 국가가 서로 동맹을 맺는 것은 평화를 위해서가 아니라 공동의 적을 멸하기 위해서입니다. 우리가 외계에서 온 킬러 토마토를 물리치기 위해 "별들의 전쟁"을 벌이지 않는 한 만국 동맹은 그 자체가 모순입니다.

평화 (열을 올리며): 기아, 질병, 환경 파괴 등 공동의 적은 얼마든지 있을 겁니다. 평화로운 세계라야 이런 적들과 효과적으로 싸울 수 있을 겁니다. 전쟁은 참상을 악화시킬 뿐, 문제를 해결하지는 못합니다.

전쟁 (냉정하게): 내가 알기로 히틀러 문제는 그저 손만 잡아 해결된 게 아니었습니다. 여기에는 근원적인 구별이 필요합니다. 범죄적인 전쟁도 있고, 정당한 전쟁도 있습니다. 이것은 전쟁의 명분과 작전에 함께 적용됩니다. 살인이 정당방위와 동일시될 수 없으며, 전쟁터는 치외법권 지역이 아닙니다. 가령 제네바 협정은 포로와 민간인(특히 여성)의 권리를 보호하도록 규정하고 있습니다.

평화: 탁상공론일 뿐입니다! 옛날에는 전쟁이 기사들끼리의 힘겨루기였습니다. 일반 백성들과는 전혀 무관했죠. 그러나 2차 대전 때는 군인 한 명에 민간인 세 명꼴로 사망했습니다. 미래는 더욱 암울합니다. 대량 살상 무기와 지뢰는 군인과 어린이를 가리지 않습니다. 요사이 최첨단 전략가들이 내세우는 "외과수술형 작전"이라는 것도 기만 선전에 지나지 않습니다.

전쟁 (화를 내며): 강력히 반박하지만 덕분에 좋은 생각이 떠올랐습니다. 첨단 기술 말입니다. 예부터 전쟁은 진보의 원동력이었습니다. 몽둥이, 화약, 크루즈 미사일 ― 외적의 위협에 처하여 민족들은 더 지능적인 무기와 도구를 끊임없이 개발해야 한다는 부담을 안게 되었습니다. 몽둥이가 주먹을 대체했고, 다윗의 투석기는 거인 골리앗을 쓰러뜨렸습니다. 로마군은 문자 문화와 화장실을 유럽에 널리 전파시켰습니다. 세련과 책략이 폭력을 이기고, 전략과 규율은 물량과 맹목적 분노를 이깁니다. 현대전의 승패는 컴퓨터가 결정합니다. 승리는 기술 혁신의 편입니다. 전쟁이 없었다면 인간은 아직도 동굴에서 살고 있을 겁니다.

평화: 하긴 그렇습니다. 징기스칸, 아틸라, 코르테즈, 피사로, 아돌프 히틀러 — 하긴 다들 끔찍이도 창조적이고 진보적인 남자들이었네요.

전쟁 (차갑게): 도무지 내 말을 이해할 생각조차 않는군요. 당신은 많은 남자들이 전쟁을 통해 필생의 꿈을 이루려 했다는 사실도 인정하기 싫겠지요. 스파르타 남자들은 출정할 때마다 잔치 가듯 몸을 꾸몄습니다. 일본의 무사도를 생각해 보십시오. 선불교적 마인드로 무장한 사무라이 윤리는 온통 용맹과 의리와 죽음에 초연한 태도를 지향하고 있습니다. 전쟁은 정신력의 시험대였습니다. 서구적 사고에서도 전장 체험은 종교적 감정 같은 것을 불러일으켰습니다. 1914년 8월, 에른스트 융어는 그 감격을 이렇게 묘사했습니다. "우리는 강의실과 책상과 작업대를 떠나 몇 주간의 훈련을 통해 위대하고 열광적인 조직으로 융화되었다. 다들 태평성대에 자란 우리는 특이한 것, 커다란 위험을 갈망하고 있었다. 그때 우리는 도취되듯 전쟁에 열광했다." 전쟁은 다분히 관능적 모험이었고 궁극의 성년식이었습니다. "우리는 장미와 피에 취해 꽃비 내리는 길을 걸었다. 전쟁은 무엇이 위대하고 강하고 장엄한 것인지를 우리에게 가르쳐 주었다. 우리 눈에 비친 전쟁은 꽃 피고 핏방울 맺힌 들판에서 벌이는 사나이들의 굿판이자 유쾌한 총싸움이었다. '이보다 더 아름다운 죽음은 세상에 없다 ….' 아, 집을 뛰쳐나와 함께 나가자!"

평화 (화를 내며): 파쇼! 변태! 새빨간 거짓말! 당신네 스파르타인들은 나치 친위대 정신으로 무장한 잔인한 노예 소유주들이었습니다. 그리고 사무라이의 신화 뒤에 감추어진 건 무엇입니까? 그들의 대부분은 힘없는 농민들에게 칼을 휘두른 저질 시골 노예에 불과했습니다. 에른스트 융어처럼 생각하는 젊은 놈들한테는 좋은 정신과 의사를 소개시켜 주고 싶습니다. 기어이 "위대하고 강하고 장엄한 것"을 원한다면 차라리 팔천 미터짜리 등반이 어떨까요. 물론 몇 명쯤 쏴 버리거나 폭탄을 투하하는 일이 더 쉽겠지요. 버섯구름을 보는 것만으로도 경외를 느낀다고 할 건가요? 히로시마, 나가사키 시민들에게 그런 '영성'이 없었던 게 아쉽군요.

전쟁 (몹시 화를 내며): 여하튼 전쟁에서 제대로 버텨 내는 데는 용기가 필요합니다. 평화주의니 뭐니 하며 떠들어 대는 것도 내가 보기엔 그저 **가련한 겁쟁이**들의 헛소리일 뿐입니다. 요즘은 겁난다는 고백이 오히려 **용기의 징표**라도 되는 듯 갈채를 받는데, 실로 웃지 못할 일이 아닐 수 없습니다. 제일 황당한 건 명령불복자와 탈영병을 **진정한 영웅**으로 떠받드는 것입니다! 전쟁이 터졌는데 아무도 싸우러 나가지 않는다고 생각해 보십시오. 나라면 이런 자들을 지뢰 제거 작업에 투입시키겠습니다.

평화 (기세등등하여): 그러나 헌법에 보면 ….

전쟁 (말을 못하게 평화의 목을 조른다): 그만, 이제 입 다물어!

철학 (놀라 부들부들 떨며): 그만! 그러다 죽이겠어요!

전쟁 (기분이 좋아져서): 걱정 마십시오! 금방 괜찮아질 테니. '평화'도 재판장님이나 나처럼 절대 죽지 않거든요.

철학: 좋습니다. 합의를 위해 잠시 휴정하겠습니다. (막)

✦

아인슈타인과 프로이트는 인류를 전쟁의 재앙에서 해방시킬 방안에 대해 논의한 적이 있었다. 아인슈타인은 일종의 세계 법원을 설립해서 모든 분쟁을 조정하자고 제안했다. 그러자면 모든 국가가 권력의 일부를 위임하고 세계 법원의 판결을 관철시키기에 충분한 병력을 파견해야 할 것이다. 그러나 아인슈타인도 속으로는 회의적이었다. "인간 내면에는 증오와 파괴의 욕구가 있다. 이 성향은 평상시에는 잠재해 있다가 유사시에 드러난다. 이를 자극해서 집단 신경증으로 만들기란 비교적 쉬운 일이다. 바로 여기에 이 불운한 역학 관계의 가장 심각한 문제가 있는 듯하다."

백발의 프로이트는 아인슈타인의 진단에 동의하면서도 불행 중 한 가닥 희망을 보았다. 인류의 지적 진보가 계속 이루어지는 한편, 전쟁의 특성도 극적으로 변한다는 것이다. "문화적 태도와 미래의 전쟁에 대한 이유 있는 불안, 이 두 요소의 영향이 머지않아 전쟁을 종식시킬 거라는 생각이 그리 터무니없는 희망은 아닐 것이다."

이때가 1932년이었다. 7년 후 프로이트는 망명지 런던에서 세상을 떠났고, 아인슈타인은 루즈벨트 대통령에게 보낸 편지에서 미국이 히틀러보다 먼저, 가능한 한 빠른 시일 내에, 원자탄을 만들어야 한다는 입장을 표명했다.

그렇다. 우리가 아무리 강하게 단죄한다 해도 전쟁이 영구히 종식되지는 않을 것이다. 정신분석가도, 철학자도, 유치원에서 대학원 세미나에 이르기까지 비폭력을 가르치는 평화운동가 선생님들조차도 전쟁을 없앨 수는 없다. 전쟁은 불사불멸이다. 그래서 요즘 들어서는 군사 훈련을 한 번도 받지 않은 게 후회가 되기도 한다. 전쟁에 열광하고픈 마음은 없다. 하지만 위급한 경우, 내가 사랑하고 소중히 여기는 것들을 내 손으로 지키고 싶다.

더 알고 싶은 분들께는 Cora Stephan, *Das Handwerk des Krieges* (Berlin 1998)를 권한다.

19

웃음

혹은

신 의 선 물 – 악 마 의 낯 짝 ?

유머가 정말 훌륭하기만 하다면
누구에게 모욕이 되든 나는 신경쓰지 않는다.

· 빌리 와일더

우뇌 전두엽만 멀쩡하면 누구나 유머에 웃을 수 있다. 어려운 건 웃기는 이야기를 하는 것이다. 여기엔 연극적 재능과 건강한 무관심과, 그에 앞서, 뛰어난 기억력이 필요하다. 그보다 더 대단해 보이는 사람은 그런 이야기를 지어내는 사람들이다. 유머의 요정들, 정말 그런 사람들이 있다. 숫기 없는 대학생 시절, 우디 알렌은 지하철을 타고 다니면서 3~40편의 개그를 고안해 냈다고 한다. 이런 식으로 그는 세련된 말재간을 연마했고, 게다가 신문사에서는 그에게 개그 한 줄에 5달러씩을 지불했다. 들리는 말로 하랄드 슈미트(독일의 인기 MC — 역자 주)는 채택된 개그 한 편당 150마르크를 준단다. 매일 개그 한 편씩만 만들어 내도 밥 먹고 살 수 있다는 얘기! 그렇다면 웃음과 웃는 까닭을 한 번쯤 연구해 보는 것도 괜찮겠다. 오늘날까지도 유머의 비밀이 완전히 밝혀지지 않았으니 더욱 그럴 만하다. 철학의 보물은 바로 이런 데서 찾아야 한다.

⚜

"Humanität(인도주의)" 다음 항목은 "Hylemorphismus(질료형상론)". 내 철학 사전에 "Humor(유머)"는 없다. "익살", "위트", "웃음" — 어느 항목도 없다. 철학자들은 농담도 모르나? 아니면 깊이 있는 연구를 하기에는 너무 시시한 주제라고 여기는가? 최초의 철학자들이 그리스 사람들이고, 그리스 사람들이 잘 웃는 민족이었다는 걸 생각하면, 철학에서 유머를 푸대접하는 현실이 더욱 놀라울 수밖에.

"참을 수 없는 웃음"을 자아내기로는 단연 호메로스의 신들이다. 그리스 일곱 현인들의 반짝이는 위트는 탄성을 자아내게 한다. (왜 자식이 없냐고 물었을 때 탈레스가 대답했다. "아이들에 대한 동정심 때문이지.") 페리클레스는 백성들을 민주화시키는 방법을 희극에서 발견했다. 시인들은 광대의 자유를 누리며 작품을 통해 정치인과 제도를 우롱해도 되었다. 가난한 사람들도 연극을 즐길 수 있도록 나라에서 돈을 대기도 했다. 철학도 골 때리게 심각할 이유가 없었다. 플라톤이 인간을 "깃털 없는 두 발 동물"이라 정의했다는 소리를 듣고 디오게네스는 수탉의 털을 홀라당 뽑은 후, "옛다, 플라톤적 인간!"이라 해 버렸다.

이런 '장난'은 아리스토텔레스의 가르침과 함께 끝났다. "우스꽝스런 것은 추한 것과 결합된 일종의 결함이다. 우스꽝스런 가면이 추하고 일그러졌어도 고통을 표현하지 않는 것처럼, 이런 결함도 고통이나 불행을 유발하지 않는다." 이로써 웃음은 흉하게 일그러진 얼굴로 낙인이 찍혀 버렸다. 희극의 가면은 조화와 위엄을 요구하는 철학적 미의 이상과 어울리지 않았다. 철학자에게는 간사스럽고 시끌벅적한 웃음보다는 세련된 우수가 더 잘 어울렸다. 재미는 애들이나 덜떨어진 어른들의 몫이었다.

유머를 폄하하는 일은 이걸로 끝나지 않았다. 초기 그리스도인들은 웃음을 흉측한 악의 얼굴로 여겼다. 교부 요한 크리소스토무스는 예수께서 한 번도 웃지 않으셨다고 매우 심각하게 주장했다. 지상에서 귀양살이하는 인간에게는 통곡과 절규가 온당한 감정 표현이라는 것이다. 즐겨도 되는 사람은 오직 순교자들뿐이었는데, 그것도 자신을 고문하는 형리를 약 올릴 때나 가능했다. "깨물어 보게나. 내 살이 벌써 익었네!" 성 라우렌시오는 불길에 타들어 가는 자기 몸을 보며 형리를 그렇게 조롱했다고 한다.

그러나 일반 수도자들은 절대로 웃을 수 없었다. 수녀들에 대한 악의 없는 농담조차 공식적으로는 금기에 속했다. 베네딕도 수도 규칙 중에 이런 것이 있다. "우리는 경박한 농담과 어리석거나 웃음을 자아내는 허튼소리를 어디에서든 영구히 금지하며, 수도승이 이런 말을 입에 담아서는 안 된다."

크롬웰 휘하의 청교도들은 차라리 농담을 금지시켜 버리고 싶었을지도 모른다. 철학자 토마스 홉스는 웃음이란 어떤 것이든 불손함과 어리석음을 증명할 뿐이라 했다. 배웠다는 자들은 농담을 지성의 추한 광대로, 더럽고 섬뜩하고 유치한 것으로, 정신의 죄로, 광기의 사촌쯤으로 여겼다. 익살꾼은 유치한 방자함으로 사상과 사회의 질서를 어지럽혔다. 이 질서 속에서, 삶은 신이 내린 의무이지 장난이 아니었다. 시장통에서 '상것'들의 신명이나 부추기는 만담꾼처럼, 이런 진리에 무지한 사람은 근대 초기까지만 해도 사회 최하층에 속했다. '더티 해리' 하랄드 슈미트와 함께 놀 친구래야 고작 창녀나 망나니 정도뿐이었겠지.

르네상스의 태동과 더불어 유머도 부활을 맞는다. 외설을 예술로 승화시킨 『데카메론』에 이탈리아인들은 열광했다. 고대 희극은 서민의 말로 번역되어 무대를 주름잡았다. 근대 작가들도 발빠르게 이를 모방했다. 아레티노 같은 천재 풍자가들은 군주의 총애를 한몸에 받았다. 교황 레오 10세는 친히 연극을 즐겼다. 이런 풍조는 로마에서 시작해서 전 유럽으로 퍼져 나갔다. 세르반테스, 셰익스피어, 라블레(프랑스의 인문주의자, 베네딕도회 수사, 의사 — 역자 주) 같은 이들이 불멸의 작품을 쓰기 시작했다. 특히 라블레의 『가르강튀아』는 이런 모토 아래 씌어졌다.

> 웃음은 인간의 최고선이다.

플라톤에게 "최고선"은 모든 지상 존재를 가늠하는 이데아 중의 이데아였고, 중세 신학자들에게 그것은 곧 하느님의 별칭이었다. 이를 감안하면 윗 문장에 실리는 철학적 무게는 실로 엄청나다. 라블레는 동시대인들에게 혁명적 **유머 숭배**를 선포했던 것이다.

✣

우리는 이런 혁명의 후예로, 발달된 위트 문화를 만끽하며 살고 있다. 신문 카툰, 캐리커처, 시사 촌평, 우디 알렌의 최근 영화 「명성」(Celebrity), 텔레비전 시트콤(녹음된 웃음이 있거나 말거나), 켜놓고 잠들기 좋은 심야 토크쇼, 지하 무대의 카바레(춤과 노래 등으로 정치적 상황이나 시사 문제를 풍자하는 공연 — 역자 주), 개그 콘서트, 벽보판의 익살스런 광고 문구. 유머의 만물상은 도처에 널렸다. 세련됐건, 촌스럽건 입맛대로 있다. 코미디 프로를 즐기는 사람, 베로나 펠트부쉬(연기자, CF 모델, MC 등으로 활동하는 독일 연예인 — 역자 주)에 넋 잃은 사람, 예술적 세련미가 차라리 더 좋은 사람. 유머는 매우 사적인 것이다. 프로이트가 유머를 꿈의 먼 친척뻘로 해석한 데는 그만한 이유가 있었다. 자기가 하는 농담이 곧 자기 명함이다. 좋아하는 개그를 말해 봐, 네가 어떤 사람인지 말해 줄게!

내가 제일 좋아하는 개그는 그저 그렇지만 — 놀라지 마시라, 굉장히 지적인 개그라는 사실만 미리 밝힌다. 이른바 개그 이상의 개그, 오히려 공안公案에 가깝다. 대부분의 사람들은 내 개그를 이해하는 데 몇 분씩 걸린다. 에, 그럼: 미국 서부. 말 한 마리가 술집에 들어와 바에서 위스키를 시켰다. "얼음 열세 조각하고!" 바텐더가 위스키 한 잔을 따뤄 말 앞으로 밀었다. 말은 술잔을 잡으려 했지만 그냥 놓치고 말았다. 퍽! 위스키가 사방에 튀고 얼음 조각은 쪼르르 바닥을 굴렀다. 말이 얼음을 차례로 핥아먹었다. 찾은 것은 그러나 열두 조각뿐이었다.

아직은 썰렁한가? 그럼 세 번 크게 외쳐 보자. "개그, 나와라, 너는 포위됐다!"

❖

무엇이 우리를 웃게 만드는가? 칸트는 말한다. "활달하고 감동적인 웃음을 자아내는 것에는 뭔가 불합리한 것이 반드시 있다." "웃음은 긴장 속의 기대가 갑자기 무산됨으로써 생기는 감정의 흥분이다." 건반을 두드리면 피아노줄이 진동하듯 뜻밖의 반전을 만나면 영혼도 진동한다. 이런 복선이 깔린 유머 하나. "나치 똘마니 하나가 골드슈타인을 보고 '하일 히틀러!'라고 소리치자 골드슈타인이 중얼거렸다. '내가 정신과 의사냐?'"(원래 "하일 히틀러"는 "히틀러 만세" 쯤 되는 나치 경례 구호. 명사 하일Heil을 하일렌heilen 동사의 단수 명령형으로 해석하면 "히틀러를 치료하라"는 뜻으로 바뀐다 — 역자 주).

숨은그림찾기를 할 때는 눈동자가 왔다갔다 한다. 칸트의 이론대로라면 유머의 매력은 바로 숨은 **생각** 찾기에 있다. "하일!"의 애매성이 우리의 주의력을 진동시키면 그 떨림은 횡격막에 전해지고 횡격막은 허파를 작동시킨다. 그래서 우리는 유쾌함이 사라질 때까지 웃게 된다.

이런 건 유머의 흔한 전형이기는 하나 유일한 것은 아니다. "엄마, 점심으로 언제 또 혀요리 먹을 거야?" — "으 – 흐 – 흐 – 오 – 느 – 전 – 신 – 때." 엽기 유머는 말장난이 아니라 무서운 상황을 간결하면서도 천연덕스럽게 이야기하는 데서 오는 부조화, 감정과 이성 간의 괴리가 생명이다. 참호 속에서: "뮐러 상병 봤나?" — "일부 봤습니다." 먹구름이 번갯불을 도드라지게 하듯 공포는 위트의 어두운 배경을 이룬다. "마이어 부인, 남편께서 아스팔트

롤러에 깔리셨대요!" — "저 지금 목욕하고 있거든요. 문 밑으로 좀 밀어 넣어 주실래요?" 이런 건 시침 뚝 떼고 진지하게 해야 제맛이다. 설명은 사족.

이 점, 어디서나 마찬가지다. 설명하면 핵심이 죽는다. 위트는 풀리고서야 이해되는 일종의 수수께끼다. 테오도르 립스는 이 원리를 한마디로 줄인다. "할 말을 아끼는 건 아니지만 위트는 늘 **너무 짧다.**" 다음 개그는 거의 단편소설급이지만 요지가 이보다 더 간경할 수 없고, 수수께끼의 답이 이보다 더 놀라울 수 없다.

산통으로 볼로냐 병원에 실려 온 어떤 처녀가 의사에게 애원했다. "살려 주세요! 애를 낳아 가면 전 아빠한테 죽어요!" 의사는 해결책을 찾아보자며 처녀를 진정시켰다. 마침 이 병원에서 맹장수술을 받은 **볼로냐의 대주교**가 마취에서 깨어나자 침대 옆에 서 있던 의사가 말했다. "주교님, 기적입니다! 주교님께서 아들을 낳으셨습니다." 대주교쯤 되면 기적을 부인할 수는 없는 법. 대주교는 아이를 받아들였다. 그 아이는 주교관에서 자랐고 어느덧 건장한 청년이 되었다. 열여덟 번째 생일날 대주교는 청년을 불러 말했다. "아들아, 너도 이제 어른이 되었으니 네 출생의 진실을 알아야 할 때가 왔구나. 너는 지금까지 내가 네 아버진 줄 알았겠지만 사실은 그게 아니란다. 나는 네 어머니다. 너의 아버지는 **피사의 대주교니라!**"

⚜

윤리 문제를 던지려고 이 얘기를 했다. 거리낌 없이 웃어도 되는 소재는 뭔가? 동성연애자를 놀려도 되나? 고위 성직자를 헐뜯는 건? 볼로냐의 대주교가 보호받아야 할 소수에 속하나? 장애인과 외국인과 금발 여인들은? 해묵은 조야함을 거름 삼아 진부한 생각을 키워 내는 개그가 많아서 슬프다. 무서운 편견조차 개그의 가면을 쓰고 사람들을 웃겨서 제 편으로 끌어들인다. "남자를 여자로 바꾸는 수술에서 가장 어려운 점은?" — "뇌 흡입." 보복 개그는 이렇게 이어진다. 뇌이식 수술 센터. "남자 뇌는 여자 뇌보다 큰데 왜 반값이지?" — "거의 쓰지 않았으니까."

어디까지가 악의 없는 농담이고, 어디부터가 비방, 차별, 소수민족 박해와 전쟁의 전주곡인가? 괴벨스는 농담을 이용한 심리전의 대가였다. 영국이 포클랜드 전쟁을 준비할 때 신문은 온통 아르헨티나에 대한 농지거리였다. "아르헨티나 국기가 어떻게 생겼지?" — "흰 바탕에 흰 십자가." 적이 웃음거리가 되었다면 이미 반은 이겼다.

이런 걸 듣고 웃어도 괜찮을까? 비방에 치밀한 정치적 계산이 깔려 있다는 걸 알면 웃음도 떨떠름해진다. 신랄한 건 좋으나 농담이 절대로 나쁜 목적의 수단으로 악용되어서는 안 되겠다. 선전과 폭력에 악용되는 농담은 순수성을 상실했으므로 사장시켜 마땅하다.

비방 개그를 억지로 막는 건 물론 헛짓이다. 검열 아래서보다 더 풍자가 만발하는 곳은 없으므로. 우리는 앞으로도 인종차별과 국수주의로 점철된 천박한 농담과 더불어 살아가야 할 것이다. 하나도 안 웃기는 이런 농담도 나름대로 장점은 있다. 이런 농담이 있어서 우리는 주위의 인종차별주의자, 국수주의자, 기회주의자, 아무 생각 없는 '무뇌충'들을 경계하게 된다.

⚜

웃는 데 꼭 깊이 있는 유머가 필요한 건 아니다. 개똥을 밟고 구시렁거리며 밑창 닦을 풀섶을 찾아 헤매는 모습만으로도 웃기에 충분하다. 행인들은 그런 걸 "웃긴다"고 한다. 철학자 앙리 베르그송은 희극성을 추상적으로 파악해보려는 대찬 시도를 했다. 그의 경험에 의하면, 희극적 요소는 자연스런 행동이 기계처럼 뻣뻣하게 행해질 때나(분열 연습 중인 병사들의 경우), 경직된 습관이 현 상황과 전혀 무관하게 고수될 때(드라마 「일인 만찬」의 경우) 나타난다. 이것으로 희극적인 요소가 총체적으로 파악되었는가? 천만에! 말이 낳는 희극성도 있다. "예수님이 부활 달걀 먹으려고 부활하셨어?"라는 꼬마의 순진한 물음에는 웃지 않을 재간이 없다. 절로 웃음이 터진다. 위트와 유머는 의도와 고의성을 요구한다.

⚜

유머는 웃음의 최고봉이다. 웃을 형편이 아닐 텐데 웃는 게 유머다. 개똥을 밟고도 혼자 너털웃음 웃는 게 유머다. 빌헬름 부쉬의 제법 그럴싸한 말로는:

　　새 한 마리 덫에 걸려

　　날개를 퍼덕여도 집에 갈 수 없네.

　　슬금슬금 기어오는 검은 고양이

　　날카로운 발톱에 불타는 눈동자

　　나무 위로 점점 높이 올라

　　불쌍한 새한테로 다가가네.

　　새는 생각했네. 정 그렇다면,

　　어차피 잡아먹힐 거라면

　　시간을 그냥 보내고 싶진 않아,

　　잠깐 동안만이라도 지저귀고 싶어.

　　그리곤 예전처럼 즐겁게 휘파람을 부네.

　　그 새 참 유머가 있구나.

세상은 개똥밭이다. 우리는 너나없이 삶이라는 덫에 걸린 새다. **그럼에도 불구하고** 자신과 세상에 대해 웃을 수 있다면, 그것은 인간 정신이 자신과 세상에 매여 있지 않기 때문이다. 타인의 눈으로 개똥 밟은 나를 보면, 화내는 내 모습이 우스울 것이다. 생로병사에 맡겨진 "나"라는 인간을 영원의 눈으로 보자. 단명하고 별 볼일 없으면서도 끝없이 자신을 중히 여기는 이 작은 피조물의 모습을.

　유머는 실존의 한계를 깨고 무기력과 절망에서 우리를 들어 올린다. 그렇다, 유머는 종교적 믿음의 원초적 형태이며, 마음속에 간직하는 구원의 철학이다. 웃음은 아찔한 심연에서 저 하늘로, 호메로스의 신들의 파안대소와 우리의 웃음이 구름 위에서 한데 어우러지는 저 하늘로 솟아오른다. 새장을 탈출한 새처럼.

⚜

마지막에 웃는 사람이 제일 잘 웃는 사람이다. 뒤집어지게 웃는 사람이 그중 최고다. 정말 뒤집어질 이야기 하나 하면서 끝내자. 나도 수천 번 뒤집어졌다.

아줌마, 아저씨가 같은 기차를 탔다. 아줌마는 핀셔 사냥개를 데리고, 아저씨는 굵은 시가를 피우고. "이봐요, 금연석이잖아요." 못 들은 척하는 아저씨. 아줌마는 아저씨 입에서 시가를 빼 차창 밖으로 던져 버리고, 아저씨는 핀셔를 집어던져 버리고. 둘은 다음 역에서 내렸다. 앗, 선로 위를 달려오는 자 누구냐? 숨 넘어가도록 따라온 핀셔! 그런데 핀셔 입에 문 게 뭐~게? 답: 열세 개째 얼음 조각! (아하, 아까 그 술집에서 말이 찾던 그것!?)

더 알고 싶은 분들께는 Peter L. Berger, *Redeeming Laughter: The Comic Dimension of Human Experience* (Walter de Gruyter 1997)를 권한다.

20

언 어

혹은

생 각 의 복 면

언어야말로 인간의 진정한 고향이다.

· 빌헬름 폰 훔볼트

언어는 오해의 어머니. 전쟁이 끝나고 영국이 독일 북부를 점령했을 때 이야기다. 하루는 영국 병사들이 작은할아버지 페르디난트의 시골집에 들이닥쳐, 다짜고짜 "액스, 액스!"Äx라고 소리쳤다. 엘베 강 갯마을 농부들이 그렇듯이 작은할아버지도 사투리를 쓰셨고 표준말은 서툴렀다. 할아버지는 난데없이 장작 창고에서 날이 새파랗게 선 왕도끼 Äx를 꺼내 오셨다. 병사들은 바로 총부리를 들이댔다. 왕고모 헤드비히가 급히 사태를 수습했기에 망정이지 …. 병사들은 달걀 한 광주리를 받아 갔고, 할아버지는 한 잔 술로 놀란 가슴을 달래셨다.

언어철학도 이와 비슷한 오류를 범하며 출발했다.

이집트인들은 자기들이 세상에서 가장 오랜 역사를 가진 백성이라고 생각했고 국왕 프사메티히 2세(기원전 594~588년)는 실험을 통해 이를 입증하려 했다. 왕은 갓난아기 둘을 양치기에게 맡겨 기르게 했다. 아기들을 외진 방에서 양유만 먹여 기르되 절대로 **사람의 말소리가 들리지 않게** 하라고 지시했다. 그것이 가장 중요한 조건이었다. 왕은 이렇게 외부의 영향으로부터 차단된 아기들이 저들 **스스로** 언어를 생성·발달시켜 갈 것이라 생각했다. 이들의 말이야말로 인류 최초의 언어일 것이고, 이것이 밝혀지면 어느 민족이 세상 첫 민족인지 알게 될 것이었다.

2년 후, 양치기가 아기들을 데리고 나타났다. 그동안 말을 배운 게 분명했다. "베코스"라고 옹알거렸던 것이다.

딱 그 한마디였다. 왕은 언어학자들을 시켜 이것이 어느 나라 말인지 알아보게 했다. "베코스"는 소아시아의 프리지아 말로 빵이라는 뜻이었다. 아기들이 옹알거릴 때마다 손을 내미는 걸로 보아 제법 그럴듯한 설명이었다. 개들은 틀림없이 배가 고팠을 것이다. 내키진 않았지만, 왕은 프리지아인들이 세상에서 가장 오래된 백성이라고 선포했다.

당시에 노벨상이 있었다면 프사메티히 2세가 유력한 후보로 거명되었을 텐데. 그의 실험은 인류학 연구에 이정표를 세웠다. 계통발생Phylogenese과 개체발생Ontogenese 간의 유사성을 밝히고 언어를 학문적 관심의 핵으로 자리 매김한 사상 초유의 사건이었다.

⚜

언어가 그때부터 학적 관심의 중추였어도 그 기원은 여전히 모호하다. 저명한 고인류학자 리차드 리키 같은 사람들은, 펑퍼짐한 이마의 호모 에렉투스가 이미 언어를 구사했다고 확신한다. 160만 년 전, 이 최초의 인류가 아프리카를 떠나 전 세계로 이주를 시작했을 때 그들의 '행낭' 속에는 이미 세 가지 위대한 업적 — 불, 첨두석기, 언어 — 이 들어 있었다는 것이다. 그러나 재럿 다이어먼드는 인간의 복잡한 언어가 "창조적 폭발"을 통해 생성된 게 채 10만 년도 되지 않았다고 강하게 주장했다. 호모 에렉투스는 무슨 말인지 도무지 알아듣기 힘든 몇 가지 소리만 겨우 웅얼거렸을 뿐이라는 것이다.

　언어가 생성된 최초 상황도 그 시기만큼이나 모호하다. "멍멍" 이론에 따르면 언어는 주위의 소음과 동물 울음에서 유래되었다고 한다. "아야" 이론은 고통, 기쁨, 놀람 등의 본능적인 표현에서 언어가 시작되었다고 한다. "영차" 이론은 원시인들이 무거운 동물의 시체를 끌고 갈 때 뱃사공처럼 리드미컬한 "노래"를 함께 부른 데서 언어의 기원을 찾는다. 그래도 그중 제일 낭만적이기는 덴마크의 옷토 예스페르센이 주장한 "얼씨구절씨구" 이론이다. 이 이론은 언어가 놀이와 연애를 통해 발달되었다고 한다. 남녀가 서로 정답게 이를 잡아 주면서 뭐라 뭐라 하다가 차츰 이 잡기는 그만두고 말만 남게 되었다는 것이다.

　최초의 언어에 대해서는 얼마든지 추량할 수 있다. 다들 그럴듯해 보인다. 하지만 플랑드르 지방의 의사이자 문헌학자인 요한 G. 베카누스의 주장은 명백한 오류라고 봐야 할 것이다. 그가 주장(하고 어원학적으로 "입증")한 대로라면 에덴 동산은 독일에 있었고, 아담은 독일어를 사용했으며, 구약성서도 원래는 독일어로 쓰여졌는데 나중에 하느님께서 — 무슨 이유에서인지는 몰라도 — 히브리어로 번역하라고 지시하셨다 한다.

⚜

발굴된 유골을 재구성해야 하는 계통발생학과는 달리 개체발생학은 살아 있는 대상에 대한 관찰과 기록이 가능하다. 그래도 아기의 언어 습득 과정은 여전히 신비스럽다. 언어

가 **습득되는** 것임에는 의문의 여지가 없다. 아이는 생후
몇 년 동안 자기와 말을 할 사람이 필요하다. 그 과정을
거쳐야 비로소 말을 배울 수 있다. 언젠가 나는 초급 핀란
드어 시민 강좌에서 어떤 아이가 부러워 죽을 뻔한 적이
있었다. 정식 수업도 받지 않고, 문법도 모르고, 단어도
외우지 않은 아이가 **어찌어찌** 말을 하는 것이었다. 이 세
살배기는 이미 3천 단어 정도를 알고 있었다. 이 엄청난
언어 습득 능력은 누구나 선천적으로 타고난다. 지능의 차
이와는 무관하다. 늦깎이 천재보다 보통애가 말문은 더 일
찍 트일 수가 있다.

　1970년, 열세 살 난 여자아이가 엄마 손에 이끌려 로스
앤젤레스의 사회복지국을 찾았다. 엄마는 심한 장애를 앓
고 있었다. 그 아이는 몹시 초췌했으며, 제 나이를 가늠할
수 없을 만큼 심신의 발육이 부진했다. 원인이 밝혀지자
너무 기가 막히고 불쌍해서 다들 망연자실할 수밖에 없었
다. 정신질환자인 아버지가 이 "천재" — 복지국 여직원들
이 그렇게 불렀다 — 를 12년 동안이나 변기 의자에 묶어
캄캄한 방에 혼자 가둬 놓았다는 것이다! 소리를 지르기라
도 할라치면 윽박지르고 두들겨 팼다. 그저 바라볼 수밖에
없었던 엄마도 명백한 피해자였다. 아동 학대죄로 기소된
아버지는 결국 자살했다. "천재"에겐 너무 늦은 구원이었
다. 뇌는 생후 몇 년간만 언어 습득에 '열려' 있고 그후로
는 닫혀 버린다. 애써 봐도 별 진전이 없다. 지능도 초기

단계에 머문다. 갇혀 있는 동안 몸짓으로라도 의사소통을 했더라면 그 "천재"의 형편이 좀 더 나아지지 않았을까. 언어는 음파에만 얽매여 있지 않다. 정보 전달만 가능하다면 모든 기호 체계가 언어의 문을 열 수 있다. 이 점은 생후 9개월 만에 뇌막염으로 시력과 청력을 잃은 헬렌 켈러에게도 유용했다. 헬렌은 영영 벙어리로 살 것 같았다. 그때 설리번 선생님의 아이디어는 기발했다. 선생님은 헬렌의 **손바닥에** 글씨를 썼다. 훗날 그녀는 학위를 받고 세계적으로 유명한 작가가 되었다.

⚜

교부 히포의 아우구스티누스는 칼 같은 기억력을 가졌던 모양이다. 그는 비망록에서 처음 말을 배우던 시절을 기억한다고 주장했다. "어른들이 어떤 대상을 지칭하면서 말소리와 연관된 대상을 향해 움직일 때, 나는 그 말이 어른들이 내게 가리킨 대상을 명명한다는 사실을 알아챘다. … 나는 그렇게 다른 문장, 다른 맥락에 나타나는 낱말의 뜻도 차츰 배워 나갔다. 그리고 이 기호를 내 입으로 완벽하게 발음하려고 애씀으로써 내 소망을 표현했다."

여기엔 이른바 **대상이론**이라는 의미론이 들어 있다. 말하자면 낱말이 "사물을 가리키는 기호"라는 것이다. 대상은 하나(혹은 그 이상)의 낱말과 짝을 이루고 그 역도 마찬가지다. 이 이론은 "창문", "개", "코" 같은 낱말이 어떻게 의미를 획득하게 되었는지를 설명한다. 그렇다면 "그

후", "없음", "의미", "있음" 같은 말은? 어린 아우구스티
누스가 어미 변화와 독립 탈격ablativus absolutus(독립 분사구)
같은 건 어떻게 배웠을까?

단순한 상황에서는 손가락질도 제법 통한다("나 – 타잔!
너 – 제인! 이거 – 덩굴!"). 하지만 복잡한 상황에서는 바
로 한계에 부딪친다. 실제로 "엄마", "엄마, 달콤해", "엄
마, 소도 웃어?"라는 말 사이에 벌어지는 모든 것은 예나
지금이나 하나의 불가사의다. 아는 것은 다만, 여기에 **창
조성**이 본질적인 요소로 작용한다는 사실뿐이다. 아이들
은 레고 장난감을 갖고 놀듯 단어와 구조를 가지고 **논다.**
그들에게 설계도는 필요없다. 그렇다. 욕심 많은 부모들이
"올바른" 문장을 만들라고 닦달할수록 아이들의 말 배우는
속도만 **늦어질** 뿐이다.

⚜

제한적 적용 범위가 대상이론의 유일한 결점은 아니다. 새
로운 언어철학을 정초한 루드비히 비트겐슈타인은 아우구
스티누스의 견해에 비판적이었다. "일상 언어에서는 같은
단어가 서로 다른 방식으로 대상을 지칭하기도 하고 … 상
이한 방식으로 대상을 지칭하는 두 단어가 한 문장에서 같
은 의미로 사용되는 경우가 허다하다."

예컨대 독일어 "sein"(영어의 "be") 동사는:

1) 정체성을 표현한다: **빌 클린턴**은 **미국 42대 대통
령**이다. 여기서 "이다"는 등호와 같다. "빌 클린턴"과 "미

국 42대 대통령"은 맞바꿔도 뜻이 통한다.

　2) 무엇이 **한 집합의 원소**임을 표현한다: **빌 클린턴**은 **미국인**이다. 달리: 빌 클린턴은 미국인의 일원이다.

　3) **한 집합이 다른 집합의 부분**임을 표현한다: **모든 미국 대통령**은 **미국인**이다. (미국 대통령들은 미국인의 부분집합이다.)

　4) **존재**를 표현한다: **빌 클린턴**이 존재한다. 이런 식의 용법은 철학 학술회장〔"존재가 존재한다."(Das Sein ist.)〕에서나 시비 붙을 때〔"뭘 봐? 뭐야?" (Ist was?)"〕 자주 접한다.

⚜

언어는 애매성의 바다다. "사랑" 같은 말은 정말이지 굉장히 혼란스럽다. 가령: "나는 자연을 사랑해!" "원수를 사랑하라!" "자기! 사랑해!" 이들 각 문장에 사용되는 "사랑한다"는 표현은 전혀 다른 감정을 나타낸다. "사랑해"의 의미가 미치는 폭도, "널 위해서라면 죽을 수도 있어!"에서부터 "아침 먹을 때까지 같이 있을 거지?"에 이르기까지 상당히 넓다. 그러니 '번지르르한' 말들을 조심하라. 겉이 '사랑'이라고 속도 사랑이더냐. 당신 마음에 꼭 들어맞는 **바로 그** 사랑은 세상 어디에도 없다.

　비트겐슈타인은 "언어가 생각을 변장시킨다"고 했다. "그러니 치장된 생각의 꼴을 옷이라는 겉모양새에 따라 추론할 수는 없다. … 가장 근본적인 혼란은 그렇게 쉽게 온다. (철학은 온통 이런 혼란으로 가득 차 있다.)" 그래서 그는 "기호어를 사용하여 이런 오류에서 벗어나자"고 제안했다. 애매하고 헐렁한 옷을 입은 일상언어를 몸에 맞는 형식-논리어로 바꿔야 한다는 것이다.

전통 철학을 경원하는 것도 이런 계획과 무관하지 않다. 왜냐 하면 "대부분의 철학적 문제와 명제들은 우리가 언어논리를 이해하지 못한다는 데에 근거하기 때문이다. 그렇다면 가장 심오한 문제들이 애초부터 문제일 것도 없었다는 사실이 그리 놀랄 일도 아니다. …" 그것은 혁명이었다. 스물다섯 살의 비트겐슈타인은 이천년 유럽 철학사를 "무의미"한 것으로 선포했다. 소크라테스에서부터 헤겔에 이르기까지 철학의 거장들은 뇌지방과 등잔 기름을 터무니없이 낭비하면서 고작 알록달록한 비누방울밖에 만들어 내지 못한 고등 사기꾼으로 조롱당했다. 비트겐슈타인은 철학이 원칙적으로 다른 특성을 가져야 한다고 생각했다. "모든 철학은 '언어 비판'이다. 언어를 무기 삼아, 우리의 지성에 마법을 걸려는 행위와의 한판 싸움이다."

⚜

혹시 고민스러울 수도 있겠다. "그럼 대학에서 플라톤, 데카르트, 라이프니쯔를 공부하는 게 대체 무슨 득이 되나?" 비트겐슈타인 자신에게는 그게 별 무소득이었다. 내 생각은 좀 **다른데** 이유인즉 이러하다.

언어의 정확성은 정말 포기할 수 없는 것인가? 교과서, 계약서, 제품 설명서의 경우라면 그렇다. 당구에서 공을

칠 때처럼, 글쓴이는 이 경우 자기 말의 결과를 예측해야 한다. 가시적 목표가 확연히 정해져 있기 때문이다. 친구끼리 나누는 유쾌한 대화는 이와 달라, 마치 패스를 주고받는 것과 같다. 듣는 이가 함께 생각하면서 마치 패스를 받듯 말하는 이의 말을 받는 데 대화의 묘미가 있다. 한 치의 오차도 없는 패스란 없다. 사소한 오해쯤은 문제가 안 된다. 오히려, 이런 오해가 담소에 양념 구실을 한다. 정보 전달은 언어의 **한 가지** 기능일 뿐이다. 정보를 주고받는 과정에서 느끼는 즐거움도 중요하기는 매한가지다. 나는 축구를 좋아한다. 공을 차서가 아니라 움직일 수 있기 때문이다. 수다도 재미에 한몫한다.

철학의 고전을 읽을 때 생기는 별난 어려움 한 가지. 저자들, 가령 아우구스티누스 같은 사람들은 우리를 위해서가 아니라 동시대인들을 위해서 책을 썼다. 그후 수백 년이 흐르면서 말도 생각도 많이 변했다. 당구로 치면 "포켓"의 위치가 바뀐 것이다. 그래서 지난 시대의 메시지가 우리에게 제대로 전달되지 않는 경우가 많다. 우리는 그 책임을 쉬이 저자에게 돌리곤 하지만, 우리가 정작 해야 할 일은 국면을 전환시켜 저자에게 한 발짝 **다가가면서 생각하는 것**이다. 고전의 가치는 전문적인 정보를 얻는 데 있다기보다, 시간 여행을 통해 이질적인 문화에 정신을 담그고 열린 마음으로 전혀 다른 세계 사람들의 생각에 접해 보는 데 있다.

제대로만 한다면 철학만큼 사유의 지평을 넓혀 주는 공부도 드물다. 더 넓은 지평이 또 있었으면 좋겠다 싶은 건, 언어가 생각의 옷일뿐더러 동시에 구속복(발작을 막기 위해 정신병자에게 입히는 옷 — 역자 주)이기도 한 까닭이다. 우리는 **언어로만** 생각할 수 있다.

언어의 울타리를 탈출하는 유일한 길은 외국어를 배우는 것이다. 보편성 속에서도 각각의 언어는 저마다의 우주를 간직하고 있다. 매력 있는 언어는 많다. 중국어, 호피(북미 인디언 언어 — 역자 주), 산스크리트, 수학의 언어, 음악, 수화, 꽃말 — 낭만주의 시인 노발리스는 이렇게 썼다. "오래 바라보며 얼굴의 말을 배우노라. … 두 눈을 **빛의 피아노**라 부르리."

⚜

추신: "베코스"라는 그 수수께끼는 정말 무슨 뜻이었을까? 이집트 왕의 학문적 실수가 밝혀진 것은 이천오백 년이 지난 후였다. "야, 나와! 숫염소 너! 슈나이더, 슈나이더, 음매~, 음매~, 음매~!" 동네 조무래기들은 그렇게 놀렸다. 소위 '인류 최초의 언어'는 추측건대 "음매~!" 하는 염소 울음의 반향이었을 것이다.

더 알고 싶은 분들께는 David Crystal, *The Cambridge Encyclopedia of the English Language* (Cambridge UP 1995/2003²)를 권한다.

21

철학

혹은

원 형 경 기 장 에 서 의 명 상

철학 공부에 깊이를 더할수록
부족한 부분에 대한 열망이 더 강해진다.

· 플루타르크

인공지능 커피머신 광고: **"우리의 철학은 혁신입니다!"**
이런 의미의 "철학", 각 대학 철학과科, 여기서는 다 관심
없다. 철학자들의 미라를 부검하는 데가 철학과라면 차라
리 "철학 해부학"이라 불러라. (예술과 예술사, 문학과 문
학사는 구별하면서 유독 강단철학만 생생한 사유와 부검을
혼동한다.) 싫다. 헛소리도, 상아탑의 사체성애死體性愛도
다 싫다. 한때 그러했던 철학의 본얼굴이 보고 싶다.

⚜

그리스의 봄. 호텔은 만원이거나 너무 비싸다. 주위를 둘
러본다. 상쾌한 바람. 한 길 높이의 철조망 너머로 침낭을
던져 넣고 철조망을 기어오른다. 하나, 둘 — 쿵, 덤불 속
으로. 으스스한 유령 도시. 무서운 걸로 치면 달빛 흐르는
신들의 도시도 만만치 않다. 유적 발굴 현장을 밤에도 지
킬까? 울타리 안에 맹견이라도 두어 마리 풀어 놓았다면?
철학자 아크타이온처럼 나도 갈가리 물어뜯기려나?

　나무 뒤에 숨었다가 왠지 뒤숭숭해져 슬금슬금 자리를
뜬다. 앞에는 인적 없는 올림피아 성역이 교교한 달빛을
머금고, 그 오른편으로 그늘진 성전의 폐허, 왼편으로는
타원의 경기장. 아치형 입구로 들어가 한때 관중석이었을
풀언덕 위에 자리를 잡았다. 2750년 전 이곳에서 처음으
로 전 그리스의 선수들이 경기를 했다. 옛 그리스인들은
이 시점(기원전 776년)을 그리스력의 원년으로 삼았다. 나는
스포츠의 요람이자 서양식 연대 계산의 시발점에 홀로 앉

아 이런저런 상념에 잠겼다 — 이곳은 헤라클레스와 핀다르의 나라, 서양철학의 원천이다 ….

세상 빛을 처음 본 순간, 철학은 제일 먼저 자기 자신에 놀랐다. "나는 누구이며 여기서 뭘 하고 있는가?" 철학의 고향이 그리스이니 이렇게 비유해 보자. 세상은 경기장이다. 트랙에는 승리와 명예를 좇아 달음질치는 선수들이 있다. 경기장 앞과 관중석에는 먹고살려고 올리브와 물을 파는 상인들과 눈앞에 벌어지는 광경을 멍하니 혹은 유심히 바라보는 관중이 있다. 후자를 철학자에 비할 수 있으리라. 철학은 멀찌감치 떨어져 현실을 관조하고, 위에서 전체를 조망하며 견해를 형성한다. 철학은 남이야 뭐라든 혼자 전문적 장광설을 늘어놓는 일에 열정을 쏟는다.

이 고풍창연한 비유가 이제는 심하게 삐걱거린다.

철학이 보는 일과 깊은 관계가 있는 건 사실이지만 — "보기"는 그리스 말로 **테오리아**theoría다 — 그 보는 일의 절반은 자기도취다. 철학은 자신에 대한 경이의 늪에서 아예 헤어나지 못하거나 결국 다시 빠지곤 한다. 이런 걸 정체성의 영구 위기라고 해야 하나, 대양을 항해하는 선박이 매 시간 해야 할 '위치 지정' 같은 것이라고 해야 하나.

어쨌거나, 경기장의 철학자는 이렇게 그려진다. 한 손의 망원경으로는 선수와 상인들을 관찰하고, 다른 손의 거울로는 그들을 관찰하고 있는 자신을 관찰하는 것으로.

관점을 달리하면 이 비유는 정곡을 찌른다. 관중은 보는 것만으로 만족하지 못한다. 경기를 관람하면서 함께 열광하지 않는 사람은 알맹이를 놓친다. 진정한 팬은 함께 열광하고 함께 환호하고 함께 아파한다. 철학도 가만히 있지 않는다. 세계를 관조하는 그 자체가 목적이라고? ― 냉철한 몇몇 스토아 철학자들한테 해법이 될 수도 있겠다. 대부분의 철학자들은 관조가 세계를 개선하고 인간을 고결하게 만드는 데 꼭 필요한 단계라 여기며 뜨거운 가슴으로 그 일에 투신한다. "철학자들은 세계를 다양하게 **해석**하기만 했다. 중요한 건 세계를 **변화**시키는 것이다." 이로써 마르크스는 획기적인 사상을 선포하는 듯했다. 그러나 철학은 애당초 혁명적이고 공상적이었다.

씨앗 하나가 거목으로 자라면 그 뿌리는 바위를 쪼갠다. 유리 조각 하나도 마른 잎에 볕을 모을 때 능히 엄청난 산불을 일으킨다. 조용한 골방에 틀어박힌 괴짜의 사상 하나가 세상을 발칵 뒤집어 놓을 수도 있다. 흔히 행동가들은 고뇌하는 '백수'들을 낮추본다. 어쩌면 행동가들은 기실 사색인들이 시대를 앞서 예견하고 기획했던 것들을 자신도 모르게 실천하고 있는 것인지도 모른다.

⚜

사상과 감정을 지배하는 자가 사람을 지배한다. 이 사실을 누구보다 잘 아는 사람이 바로 권력자다. 그래서 권력자는 철학자를 늘 못마땅하게 여겨 나라 밖으로 내쫓거나 특혜를 누리는 어용학자로 고용했다. 몇몇 사상가는 순교자적 죽음을 당했고 또 몇은 그 직전까지 갔다.

소크라테스는 왜 사형당했을까? 그의 '요설'이 사람들의 일을 방해해서? 그런 이유라면 아테네에 독미나리가 남아났겠나. 공식적인 기소 사유는 이렇다. "소크라테스는 젊은이들을 타락시키고 아테네가 섬기는 신들이 아닌 다른 새로운 신을 숭배했다." 한마디로, 소크라테스는 "정신적 방화범"으로 기소되었던 것이다. 이런 비난은 오히려 "도덕의 소방수"라 자처하는 사람들에게나 어울리는데.

어느 날 아이기나 섬 노예 시장에는 플라톤이 '바겐세일 품목으로'(!) 등장했다. 옛 친구가 플라톤을 경매가 2,000드라크마에 사서 아테네로 데려온 건 순전히 우연이었다. 플라톤의 이 난국은 그의 비판적 정치 참여 때문이었다. 그는 독재와 전횡을 일삼았던 시라쿠스의 디오니시오스 1세 — 쉴러의 『대속』代贖에서 음흉한 폭군으로 묘사된다 — 를 비판했다. 디오니시오스의 반응은 과연 독재자답다. "십자가에서 후회하라!" 측근의 간언이 있고서야 독재자는 감형을 단행했고 플라톤은 노예 시장에 팔려 갔다.

볼테르가 권력과 벌인 연애질도 하마터면 비극으로 끝날 뻔했다. 그와 프리드리히 대왕은 열렬한 충성과 존경이 담긴 편지를 여러 해 주고받았다. 1736년, 프리드리히는 프로이센 황태자 시절의 우상이었던 볼테르에게 이렇게 썼다. "선생님의 편지는 완벽한 군주상을 제시해 주셨으나 저는 아직 그 기대에 못 미치고 있습니다. … 고귀한 가르침을 베풀어 주신 선생님의 합당한 제자가 되도록 그 군주상을 가슴에 품고 불철주야 신명을 다하겠습니다.”

몇 년 뒤 프리드리히의 초청으로 포츠담에 온 볼테르는 철학과 권력이 군화와 짚신만큼이나 어울리지 않는다는 사실을 확인해야 했다. 결국 도피를 감행하다가 프랑스 국경 근처에서 대왕의 수하들에게 체포되어 전 재산을 몰수당하고 투옥되었다. 나중에 애인과 함께 무사히 풀려난 게 천만다행이었다.

권력자의 사부로서든 인류의 사표師表로서든 철학자들은 늘 정치에 관여하기를 좋아했다. 올림피아 경기장을 떠올려 보자. 철학자는 구경하되 경기에 무심할 수는 없는 사람, 말하자면 트레이너나 심판에 가장 가깝다. 철학자는 선수를 내보낸 후 공정한 경기가 진행되도록 감시하는 일을 자신의 임무라고 생각한다.

⚜

관중석에는 경기보다 자기 망원경에 더 관심을 가진 별종도 있다. 접안 렌즈를 통해 보면 왜 모든 것이 더 커 보일까? 망원경을 거꾸로 보면 왜 모든 것이 작아질까? 달리기 선수들의 **실제** 크기는 얼마나 될까? 망원경, 눈, 뇌의 기능은 무엇일까? 이런 물음을 던지는 사람은 **인식론자**다.

어떤 전문가들은 지난 경기의 통계를 한눈에 꿰고 있다. 이들은 고금의 경기 결과를 비교해 가며 스포츠의 영고성

쇠를 놓고 격론을 벌인다. **역사철학자**들이다.

눈 감고 음미하는 것이야말로 최고의 관람법임을 주장하는 괴짜들도 있다. **신비주의자**들이다.

관중들의 관심도 다채롭기는 경기 못지않다. 원래 올림픽 경기에는 육상 한 종목밖에 없었다. 그러던 것이 오늘에는 뭐가 뭔지 모를 정도로 종목이 불어났다. 철학의 발전도 그렇게 역동적이었다. 이른바 "실천철학"은 삶과 연관된 모든 분야를 망라한다. 인간학, 정치철학, 법철학, 윤리학, 종교철학, 행복론, 역사철학 등등. "이론철학"은 존재와 진리의 문제를 규명한다. 논리학, 과학철학, 언어철학, 존재론 등이 여기 속한다.

다시 각 철학 분과에는 다양한 사조가 별 희한한 이름으로 산재해 있거니와, 가령 인식론에는 연역주의, 귀납주의, 반증주의, 비판적 경험주의, 실용주의, 진화 인식론 등이 속한다.

유심히 보건대 독창적 인물들은 모두 철학이라는 거목에서 새 가지를 쳤고, 그 가지마다 각주 풍성한 이차 문헌의 빛 바랜 잎새들만 무성하다. 나무는 연륜과 굵기를 더하여 우람해졌지만, 속은 비고 열매는 벌레 먹어 거대한 잡초와 다를 게 없다는 목소리도 높아지고 있다.

⚜

철학의 20세기는 불운했다. 자연과학이 숨가쁘게 앞으로 내달릴 때 철학자들은 파산을 선언해야 했다. 다윈, 아인슈타인, 프로이트, 튜링, 크릭, 왓슨 등에게 맞설 만한 철학자라고는 그들만의 은어를 다듬어 온 일부 신비주의자들뿐이었다. 마르크스주의를 현실 정치에 적용하려던 거창한 시도는 결국 수백만의 희생과 문화의 침체와 경제 파탄으로 끝나고 말았다. 지상에 천국을 건설하려던 사람들은 세상을 지옥으로 만들었다. 루소와 쇼펜하우어와 니체는 정신분석가들의 연구 대상이 되었다. 20세기 철학의 두 거장 비트겐슈타인과 포퍼는 전통 철학의 파산을 선언했다. 철학 2500년 — 오류와 언어 능력의 결핍을 담은 기괴한 연대기? 철학 2500년 — 쓰레기통 속으로? 서두를 것 없다. 실상은 전혀 다를 수 있으니, 그것도 세 가지 관점에서.

⚜

첫째, 철학사를 눈부신 성공담으로 읽자. 원래 철학은 물리학, 우주론, 심리학, 사회학 등 모든 분야를 포괄했다. 18세기가 되면서 축적된 지식을 다 감당할 수 없자 철학은 자기 '딸'들을 하나하나 출가시켰다. 딸들은 나름대로의 방법론을 개발해 내면서 출세 가도를 달렸고, 고리타분한 엄마의 잔소리에는 사춘기 소녀처럼 신경질을 부렸다. 차라리 출신을 감출 수만 있다면 얼마나 좋을까. 그래서일까, 철학자 데모크리토스는 원자론을 구상했고, 스콜라 학파의 그로세테스테는 우주 대폭발을 기술했으며, 라이프니쯔는 "가능한 모든 세계 중 가장 좋은 세계"에다 컴퓨터까지 고안해 냈다.

둘째, 사과를 배하고 비교하지 말라. 자연과학은 본질상 개인적인 특성을 배제한다. 연구 결과가 유효성을 인정받으려면 다른 연구자가 같은 실험에서 같은 결과를 얻어야 한다. 그러나 철학은 대단히 개인적이면서도 관습에서 벗어난 시각으로 사물을 보았던 디오게네스나 니체나 파이어아벤트 같은 '인물들'에 의해 명맥을 이어 간다. 그러므로 철학은 예술이나 문학과 매우 유사하다. 그렇다면 이 분야에도 진보라는 것이 있는가? 토마스 베른하르트가 셰익스피어보다 더 앞서 가는가? 바젤리츠(신표현주의를 표방한 20세기 독일의 화가이자 조각가 — 역자 주)의 작품이 구석기 동굴 벽화보다 더 뛰어난가?

마지막으로, 철학의 가치는 무엇보다도 주관적 체험에 있다. 생각이 정신의 막연한 산물이 아니라 유일무이한 인격의 표현이고 **흔적**일 때 철학은 삶을 변화시키는 위력을 한껏 발휘한다. 실존적 결단을 내릴 때는 주체의 자율이 추상적 진리보다 효과가 크다. 질병과 사랑, 죄와 죽음 앞에서 보편타당한 진리가 나와 무슨 상관인가. 주체적으로 철학함에 있어서 모든 문제는 "내가 무엇이고 싶은가?"라는 물음으로 통한다.

8천 미터 고봉을 누가 등정했는지에 집착하는 산악인은 없다. 산을 정복하는 사람이 바로 **자기 자신**이기를 바랄 뿐이다. 중요한 건 사실이 아니라 체험이다. 정상 정복은 자신에 대한 승리이자 자기의 한계를 넘어 새 지평을 여는 발걸음이기도 하다. 철학자의 경우도 이와 다르지 않다.

⚜

이로써 우리가 다시 올림피아에 있을 수 있다면! 나는 관중석에서 내려와 트랙을 달린다. 달은 고장난 스톱위치. 누가 기록에 관심 있다고! 함께하면 그만이지. 철학도 그렇다. 내가 침낭을 펴는 이곳은 한때 젤라(이탈리아 시칠리아 섬 남부 도시 — 역자 주)의 보물 창고터였지, 아마?